組織を生き抜く極意

佐藤　優

青春新書
INTELLIGENCE

JN110333

まえがき

最近、大学には実務家教員が増えている。経営学部やビジネススクール（大学院）でも、アメリカ仕込みのリーダーシップ論を教えている人が少なからずいる。私も何度か話を聞いたことがあるが、役に立たないどころか、こんなやり方をしたら日本企業では浮き上がってしまい、出世しないような内容がほとんどだった。

その理由は二つある。第一は本人が大したリーダーシップをとった経験がないからだ。第二は教養の水準が低く、独特の組織体系を持つ日本文化に関する知識がお粗末だからだ。

他方、経済界で成功した人の組織論やリーダーシップ論もあまり役に立たない。パナソニック創業者の松下幸之助氏やソニーの創業者の一人である盛田昭夫氏の経営指南書が21世紀の若手ビジネスパーソンの琴線にふれないのは、こうした「経営の神様」の作品がエピソード主義になっているからだ。

「若いころ、浜辺で子どもたちにいじめられているウミガメを助けた。すると亀がオレを背中に乗せ竜宮城に連れて行ってくれた。そこで乙姫様と出会い……だから、よいことをすれば必ず成功につながる。このことを忘れないことだ」

このようなエピソードと通俗道徳による成功物語には説得力がない。

それに対して、ピーター・ドラッカーの『マネジメント』、デイヴィッド・ロックフェラーの回想録が21世紀においても影響力を失わないのは、そこに具体的事例に基づいた普遍性があるからだ。

組織やリーダーシップに関する本の多くは、大企業やそのトップのリーダーシップについて扱っている。これから大企業のCEOを狙う人や、スタートアップ企業の野心的なアントレプレナー（起業家）にとって、こうした作品は役立つだろう。ただし、本書はもう少し身近な組織とリーダーについての話だ。

外交官時代も職業作家に転じてからも、私は組織やリーダーシップに関する相談をよく受ける。私の場合、30人くらいまでの精鋭集団をつくることは得意だし、そこでリーダーシップを発揮することにも自信がある。

しかし、それ以上の大きな集団を率いることに関しては、私は不向きだと思っている。職人肌の「能力主義」があるので、少しでも能力と適性に不安を感じる部下に仕事を任せ、責任だけは自分がとるというスタイルで仕事ができないからだ。その意味で、私にはトップになるようなリーダーシップは備わっていない。

他方、私には上司、とりわけ最高幹部（日本の官僚にとっては内閣総理大臣）に対するフォロワーシップは身についている。だから橋本龍太郎、小渕恵三、森喜朗という3人の総理大臣から、対ロシア外交と北方領土交渉に関する特別の信頼を得ることができたのだと思っている。

本書で扱うのは、日本の組織において中間管理職にはどのようなリーダーシップが求められているかということだ。私自身、外務省時代には「ロシア情報収集・分析チーム」という精鋭集団を率いるチームリーダー、まさに中間管理職だった。ただし、事実上の上司は課長や局長ではなく、内閣総理大臣だった（このチーム自体が小渕総理の特命によって、外務省内に極秘裏につくられたものだった。こういうチームが存在すること自体が秘匿されていた。今日、外務省はこのチームが存在しなかったものとしている。現在、外務省で対ロシア外交に従事する人たちにも、私たちがどういう仕事をしていたかについては、まったく情報が提供されていないものと思う。しかし、不思議なことだが、安倍晋三元総理大臣はこのチームの活動について熟知していた。どこからその情報を得たかは今も謎だ）。だから、中間管理職のリーダーシップの問題点を私は皮膚感覚で理解することができる。

本書は現役の中間管理職だけでなく、さまざまな組織でこういう人たちを管理、運営する企業や官庁のトップ、または中間管理職の傘下で仕事をする人々にも役立つ。中間管理職の内在的論理を知っていれば、対応の仕方がわかるからだ。

私は外務省でインテリジェンス業務に就いていた。インテリジェンスは実務と学術が交差する場でもある。したがって、本書の内容はエピソード主義にとどまらず、学知によって裏づけられた普遍性を持っていると自負している。

実は戦前、戦中の日本には本書のような作品があった。旧大日本帝国陸軍という究極の官僚組織が中堅将校用に作成した『作戦要務令』だ。ビジネスパーソンには、本書を「21世紀の作戦要務令」として活用してほしい。

本書はビジネスインサイダージャパンでの連載「佐藤優のお悩み哲学相談」がベースになっています。ライターの高田秀樹さん、本間大樹さん、青春出版社の岩橋陽二さんには大変お世話になりました。この場を借りて感謝申し上げます。

2023年11月27日、曙橋（東京都新宿区）の自宅にて

佐藤優

組織を生き抜く極意——目次

第2章 人を動かすこと、人が動くことの本質とは

第3章

組織の論理に潰されない考え方、動き方

第4章

私たちを動かしている競争原理について

第5章
組織のなかで心が折れそうなとき

装丁 OKIKATA（山之口正和＋齋藤友貴）
企画協力 高田秀樹、本間大樹
帯写真 坂本禎久
本文DTP 佐藤純（アスラン編集スタジオ）

第1章

日本型組織を生き抜くリーダーの思考法

第1訓

リーダーは、時代に合わせて価値観を柔軟に変える

部下の育成が最大の悩み

最近は「モンスター部下」や「逆パワハラ」という言葉があるそうです。上司の言うことをなかなか聞かない部下を少しきつく注意すると、パワハラだと受け止めて反抗したり、逆にすっかり自信喪失して出社拒否になったりしてしまう。

今や中間管理職にとって、若い部下は腫れ物を扱うような、アンタッチャブルな存在になりつつあります。部下の方が理屈をつけて上司を非難したり罵倒した

りして、精神的に追い込む。これからのリーダー、中間管理職にとっては、何ともストレスの多い大変な時代だと思います。

人材育成会社のラーニングエージェンシーが2019年に行った「管理職の意識調査」によると、管理職の悩みの第1位は断トツで「部下の育成」で、5年前の同調査に比べて10％も高い50・5％でした。

「叱って育てる」はもう論外

私がかつて外務省にいたころ（1985～2002年）は、部下を叱責することなど当たり前でした。あるとき、資料のホチキス止めを若い部下に頼んだところ、よく確認せずにホチキス止めにしたため、一部の書類が袋とじのようになっていて読めない。「オレは袋とじにしろとは言ってないぞ！」と、その書類を壁に投げつけました。

今ならど真ん中のパワハラでしょう。ただ、それがもし大臣に渡す資料だったとしたら、国会答弁の場で資料が読めずにもたもたして、国会審議が止まるほどの大変な事態になります。政局に影響を及ぼすかもしれません。

ホチキス止めなど大した仕事でないと思ったら大間違いです。そういう単純作業こそ、確認を怠ると大変なリスクになり得ます。組織のためにも本人のためにも、あえてきつく叱ることが必要なわけです。

ところが今の時代、叱るという選択肢自体がありません。若い世代は一人っ子も多く、親にもほぼ叱られたことがなく育つ。ましてある程度優秀であれば、何かとちやほやされ、ほめられることが当たり前の環境で育った子が多い。

そんな人間が社会に出て叱られると、それほどきつい言葉ではなくても、まるで全人格を否定されたかのように受け止めてしまう。プライドを傷つけられたと感じてすねたり、落ち込んだりしてしまいます。

上司はまず部下をほめることが大前提で、同じほめ言葉のなかでも、「普通にほめる」「少し強めにほめる」「最大限にほめる」と程度の違いで使い分ける必要があります。そのうえで、注意してほしいことをフラットに伝えるのです。

私のような世代からすると、何とも面倒な時代です。しかし、上司が時代に合わせて仕事に臨む方が、結果的に一番ストレスが少なくいい仕事ができます。

第2訓

リーダーが「いい人」である必要はない

会社と組織の本質とは

とはいうものの、部下をいつまでもまるで腫れ物のように扱っていたら、まっとうな育成などできるはずがありません。ある程度の距離感を保ちながらも、少しずつ高いスキルを身につけさせることが必要です。ほめながらこれを行うには、バランス感覚と高度なコミュニケーション能力が求められます。

その際に忘れてはいけない大前提があります。

それは、上司は「いい人」では務まらないということです。むやみに叱らない上司でありながらも、けっして「いい人」であってはならないのです。

これは会社と組織の本質を見極めれば、当然の帰結です。

そもそも会社の目的は何かといえば、売上げを増やし利益を上げていくことです。資本主義社会における会社組織では、とにかく利益をどれだけ極大化できるかが第一の目的であり最重要事項なのです。

同業他社との熾烈な競争、消費者やエンドユーザーの厳しい目にさらされている会社がほとんどでしょうから、その戦いを生き抜くために、会社組織は各種の目的を遂行するための部隊から成り立っています。

これと本質的に同じ組織が軍隊です。大きな戦略のもとで、各部署がそれぞれの戦術を駆使してミッションを遂行する。その際、上官の命令に対しては絶対服従が大前提。戦いに勝つことだけを求められている究極の組織だと言えます。

会社組織も厳しい競争のなかで戦い、敵に勝利し、利益を勝ち取らなければなりません。それぞれの部署が、ミッションをいかに迅速に達成するかが求められています。そのような組織では、上司の命令は基本的に絶対です。いちいち民主的にメンバーのコンセンサスを得てから動いていては遅い。敵に先手を打たれてやられてしまいます。

そうした状況では、組織は命令が成員の意に沿っているかどうかなど気にしている余裕はありません。中間管理職たるリーダーは、ときに悪役になっても権力を行使して業務を遂行しなければならないのです。

権力とは何かといえば、他人を強制的に服従させる力です。相手の意思がどうであれ、命令によって行動を強いることだとも言えます。すなわち、命令とは暴力なのです。誤解を恐れずに言うなら、「よい上司＝上手に暴力を行使することができる上司」という等式が成り立ちます。

まず、リーダーはこの大原則を心に刻んでおく必要があります。

第3訓

リーダーは、力を行使することをためらってはいけない

日本企業の体質は旧軍時代から変わっていない

会社組織は軍隊と同じ権力構造によって成り立っています。

「権力＝暴力」をいかに上手に、スマートに行使できるか。部下に好かれるよい人間でいたい、人間関係を円滑にしたいと思うあまり、日本では会社組織の本質を忘れてしまう人が多いようです。それでは、組織として生き抜くという肝心の目的を達成することができません。

会社に二つのチームがあって、どちらに入るか選べるとしましょう。一つは性格がよく温厚なリーダーのいるチームですが、成績はイマイチ。もう一つのチームは成績を上げているが、リーダーが厳しい性格で部下から恐れられ、煙たがられている。どちらに入るべきかといえば、当然ですが後者の厳しいリーダーのチームでしょう。人間的には疑問符がつく、あまり近づきたくない人物ではあるかもしれませんが、何よりその部署がしっかり成果を上げていることが重要であり、ビジネスパーソンとしてはその下にいるべきであることは明白です。

どんなにリーダーの性格がよくても、利益や成果を達成していない組織はいずれ会社からスポイルされます。もしそんな部署ばかりだったら、会社自体が潰れてしまうでしょう。部下に嫌われないようにするあまり、リーダーとしての厳しさと力を示せない人は、そもそも管理職には向きません。管理職だけでなく、組織のなかにいる全員がこのシンプルな真実を認識し、共有することが重要です。

もちろん、リーダーとして力を振るえない人が会社に不要だということではありません。そういう人は管理職としてのキャリアアップを目指すのではなく、専門職として職人的に自分の仕事に向き合っていけばいいのです。

第4訓

会社の目的をチームに浸透させるのもリーダーの仕事

会社で自己実現をしようとする勘違い

がっついた若手ビジネスパーソンたちを見ていると、仕事を通して自己実現をしようとしているのではないかと感じることがあります。

ある媒体で私はビジネスパーソンの悩み相談を受けているのですが、そこで中間管理職の人から相談がありました。若い社員の多くが仕事の社会的な貢献度にこだわっており、それが認められないとモチベーションが維持できないと訴えられることが増えている、というものでした。

これも前項に通じる話ですが、そもそも会社はサークルやNPOではありません。利益を出すことが最優先課題の利益追求型組織です。社会貢献や社員の自己実現は、第一の目的がはたされたうえで副次的に考慮されるにすぎません。このシンプルかつ重要な真理について、若い人に徹底して浸透させる必要があります。

私が上司なら、まず毎月の給料がどのようにして支払われているか、会社のお金の流れを説明します。売上げから必要な材料費や経費、そして人件費が支払われ、残った分が利益になる。その利益を次の成長のために投資したり、株主に還元したりする。売上げはどこの部署がどのくらい上げているのか、それぞれの業務内容はどのようなものなのか。

その仕事は、若い人たちにとっては必ずしも社会貢献度の高い、価値あるものだとは思えないかもしれません。しかしその収益があるからこそ、自分たちが給料を得られている。それぞれが自分のしたい仕事だけをやっていたら、会社は成り立たず、若い人たちを雇うことも給料を払うこともできない。その当たり前の事実をしっかり認識させます。

社会貢献や自己実現の場は職場でなくてもいいし、今の仕事でなくてもいい。たとえば趣味のサークルやボランティア活動という形もあります。最近は副業を認めている会社も多いので、そこで理想を追うこともできるはずです。

若い社員には、今の会社とは違うつながりと場において、現状ではなかなか思うようにできない社会貢献や自己実現の方法もあることを教えましょう。ビジネスにはビジネスの目的（営利の追求）があることを知らせるのも、リーダーの務めの一つなのです。

第5訓

組織の目的を達成するには、情報の扱いが重要になる

旧陸軍のマニュアルがビジネスに役立つ

第二次世界大戦中に旧日本陸軍が作成した『作戦要務令』（大橋武夫・解説）という教科書、いわばマニュアルは、現代の企業活動でも通用しそうな内容を含んでいます。これは参謀ではなく現場の中隊長や小隊長、つまり「中間管理職」を対象とした内容になっています。

軍隊と企業は、明確な目標を持った組織であるという点において、非常に似通

っています。具体的に条項を読んでみましょう。

――軍の主とする所は戦闘なり。故《ゆえ》に百事皆《みな》戦闘を以《もっ》て基準とすべし。而《しか》して戦闘一般の目的は敵を圧倒殲滅《せんめつ》して迅速に戦捷《せんしょう》（戦勝）を獲得するに在り。

（綱領、一）

つまり、軍の目的は戦闘で敵に勝つこと。企業の目的に置き換えれば、すべての活動は利益を上げるという目的に資するものでなければならないのです。目的と目標は混同されがちですが、明確に分けておく必要があります。

そして、その目的を達成するには何が必要か、ということを説明したのが次の文章です。

――戦捷《せんしょう》の要は有形無形の各種戦闘要素を綜合《そうごう》して、敵に優る威力を要点に集中発揮せしむるに在り。

（綱領、二）

これは、「選択と集中」についての説明です。自軍が圧倒的な戦力を持っていれば勝つのは当たり前。しかし、実際にはそうでないことの方が多いのはビジネスも同じです。さらに、管理職になれば部下に対して命令を出すようになりますが、命令を出すためには情報収集が必要です。

情報勤務の目的は敵情・地形・気象等に関する諸情報を収集審査して、指揮官の決心及び指揮に必要なる資料を得るに在り。（第三篇情報、六十九）

収集せる情報は、的確なる審査に依《よ》り其《そ》の真否・価値等を決定するを要す。之《これ》が為《ため》先《ま》ず各情報の出所・偵知《ていち》の時機及び方法等を考察して正確の度を判定し、次《つい》で之と関係諸情報とを比較綜合して判決を求むるものとす。（情報、七十二）

要は、情報とは決断や指揮のためのものでなければならないということです。ただ知るためだけの情報、ファイルするためだけの情報には意味がありません。そして、集めた情報の価値をきちんと見極める。そのためには、その情報がいつ、どこから、どのような手段で手に入ったものなのか、他の情報と総合的に判断して矛盾がないかたしかめることが大切です。また、先入観を持って情報を判断すると、敵にあざむかれることもあるから注意しなさいとも書かれています。

旧陸軍は満州や太平洋戦争で暴走したとして評判が悪いですが、このようなマニュアルを見ると非常によくできていて、日本人にフィットするものになっていることがわかります。もちろん、これだけのマニュアルがあっても実行できなければ意味がない、ということも読み取れます。

第6訓

部下を制御できないときは、分けてマネジメントする

リモートで意見をまとめることの難しさ

リーダーがチームのコンセンサスをとり、最終的な判断や決定をしなければならないことがありますが、最近はこのことに難しさを感じている中間管理職の人が多いようです。特に昨今はリモートワークが定着し、リモート会議も頻繁に行われるようになりました。ところが、リモートだとどうしても意見を集約するのに時間がかかると感じている人が多いようです。

対面での会議では自然に場の空気というものができ上がるので、すんなり結論に達します。ところがリモートだと、いろんな人がいろんなことを言うだけでバラバラのまま進行していき、なぜかなかなか結論に至らない。

みなさんの職場でもそんな経験がないでしょうか。

リモート環境が増えてきた最近は、上司の役割はかつて以上に重要になってきています。このようなまとまりにくい環境においては、部署のコンセンサスをとってミッションを遂行する力が上司に求められているからです。

さまざまな声を聞き、できるだけコミュニケーションをとりつつ、最後は反対意見を封じ込める形になるとしても、リーダーシップを発揮してどこかで決断を下さなければなりません。

一人がマネジメントできるのは7、8人まで

それでも、どうしても部署に軋轢が生まれたり不協和音が聞こえてきてしまったりするような場合、チームの人数が多すぎる可能性があります。

私の経験上、一人の上司がしっかり部下の面倒を見て、組織としてマネジメントできる人数はせいぜい7、8人が限界です。私が外務省で部下を抱えていたころも、多いときでそれくらいの人数でした。

それ以上の部下を抱えている場合は、班をつくって小さな単位に分けることをおすすめします。たとえば10人の部署なら5人ずつの2班に分ける。それぞれの班長を決めてまず議題についてセッションをさせ、意見を集約させるのです。上司のあなたはその班長と話をして全体をまとめる。ただし、それぞれの意思決定に関しては制限時間を設けること。

班のリーダーに選ばれた人はモチベーションも上がるでしょう。彼らがまとめた意見を聞いたうえで、最後は管理職であるあなた自身が責任を持って決定する。それをまた班長がその下の部下に上手く伝える。それによって部下の成長を促すこともできるでしょう。

なかなかチームの意見がまとまらない、収拾がつかないという場合、ぜひこの分割方式を試してみてください。

第7訓

「声の大きな人」は、こちらから飛び込んで味方につける

外圧として利用する手もある

どこの会社にも、会議の場だけで生き生きと発言する人がいます。それだけなら問題ないのですが、まとまりかけた案件を最後にひっくり返すことに生きがいを感じているような、非常に厄介な人物もいるのです。

仕事において、よく「結局は声の大きい方が勝つ」と言われます。このことは実はけっこう正しくて、政治家にも声の大きさを武器にしている人がいます。

かつて私が外務省に在籍していたとき、一緒に対ロシア外交にあたっていた鈴木宗男さんもその一人でしょう。鈴木さんはよく外務省の役人を大きな声で叱っていました。霞が関の官僚は超エリートですから、そもそも大きな声で怒鳴られた経験などあまりありません。まして人前で叱られることもない。

そんな彼らにとって、鈴木さんの怒鳴り声は恐怖を感じさせたはずです。誰もが鈴木さんの前だと借りてきた猫のように小さくなってしまう。ただ、官僚も馬鹿ではありませんから、そういう鈴木さんの押し出しの強さを、自分の仕事がやりやすくなるように上手く利用していました。

つまり官僚が同僚に言うと角が立つようなことでも、鈴木さんが大きな声で言えば、「あの先生が言っているからしょうがない」と一種の外圧にできてしまう。それによって自分の責任を逃れられるわけです。

どうしても必要だと思われる事柄でも、官僚が率先して動くことはまずありません。そんなことをすれば責任がつきまとうからです。そこで声の大きな政治家がひと言発すれば、官僚は仕方なくそれに従うふりをして責任から逃れられます。鈴木さんもそれを十分承知で、なかば自分の役割を演じていたようでした。

相手の懐に飛び込む

この声の大きな人物というのは、扱い方を間違えると大変です。そのため、「面倒な人だ」と避けたり遠ざけたりする人も多いですが、そうではなく、できるだけ自分の味方に引き入れておいた方が自分の利益になります。上手に関係を築くことで、自分の意見を通したいとき力になってくれるのです。

それには、日ごろからのコミュニケーションが大事になってきます。重要な会議で自分の意見を通したい、または意見をすんなりまとめたい場合、こういう人物に「今回の会議でこんな案件があって、こんなふうにまとめたいと思いますが、どう思われますか?」とさりげなく相談しておくのです。

すると、その案件はあなたと声の大きな人物にとっての共通の課題となり、同じ目線で課題に向かう仲間となります。

このような関係を事前に築くことができていれば、いざというときに声の大きさに邪魔されず、むしろ強力な援護射撃を期待できるでしょう。

第8訓

いくら自信があっても、会議前の根回しを怠らない

根回しのない会議に実りはない

声の大きな人物への対処法と大いに関係しますが、会議を円滑に進めるには「根回し」が大切です。

重要な会議、重要な案件になればなるほど、この根回しが効いてきます。根回しというといかにも日本的な風習のようで、なんだか前時代的だというイメージを持っている人がいるかもしれません。

これも外務省にいたころの話ですが、G7などの重要な国際会議はもちろん、国家間の会談では、議論の落としどころから結論まで、基本的なストーリーはすべて事前に決まっていました。

つまり事前にしっかり根回しがされていて、筋書きや結論までがすべてでき上がっているのです。そうでなければ、仮にその場で議論が紛糾してしまった場合、お互いにとって大変な国益の損失になり得ます。それを避けるために、大切な案件であるほどしっかり根回しがされ、会議の内容と結論が決められているのです。

ですから、日本の会議の根回しはむしろグローバルスタンダードだとも言えます。「いい結論を出すにはいい議論をしなければ」などという理想を持っている人も多いでしょうが、根回しを怠ってしまえばまとまる話もまとまりません。

トップダウンにも根回しが必要

根回しの重要性についてわかっていただけたところで、あなたが中間管理職として下をまとめる場合の会議の進め方を考えてみましょう。

もしあなたがトップダウン方式で下に結論を一方的に押しつけるやり方を採用しているとしたら、それは強権政治そのものです。あなたによほどのリーダーシップと才能、そしてカリスマがあるなら、それでも上手くいくかもしれませんが、けっしておすすめできるやり方ではありません。長い目で見て、部下のモチベーションやモラール（士気）にマイナスの影響を及ぼす可能性が高いです。

では、民主的にみんなの意見をまとめてコンセンサスをつくり上げるべきか。時間はかかってもその方が建設的ではあります。ただし、ここでも事前に根回しをしていなければ、それこそ百家争鳴、結論がいつまでも出ないことになりかねません。メンバーの時間をムダに奪うことになり、それはそれでリーダーとしての資質には疑問符がついてしまいます。

この民主的なやり方においても、やはり相応の根回しが必要だということです。どちらの方法を採用するにしても、やはりポイントは「根回し」であるということに変わりはありません。

第9訓

外部スタッフとは、リスペクトを持って接する

個性豊かな人たちをどうまとめるか

部署によっては、特に個性にあふれて難しい人たちを相手に業務を進めていくこともあります。企画部門や広告部門など、いわゆるクリエイティブな人たちを多く動かす部署です。デザイナーやコピーライター、イラストレーターなどのクリエイターと呼ばれる人たちは組織に属しておらず、フリーランスで活動している場合がほとんど。そういう人たちに組織の論理はなかなか通用しません。

この場合も一種の根回しになりますが、こちらで勝手な苦手意識を持たず、個別に面と向かって話すことが大事です。彼らの意見を聞いたうえで、会社としての立場や企画の狙い、方向性などを率直に打ち明け、相談するのです。

職人や芸術家と呼ばれる人たちは、自分たちの仕事について理解し、同じ目標に向かって一緒に仕事をしてくれる人を尊重します。フリーで働いているのも、組織のしがらみにとらわれず、思う通りの仕事をしたいからです。

彼らは一般のビジネスパーソンとは違い、ゼロからものを生み出す仕事をします。ビジネスパートナーたるこちらがその大変さを理解し、ものづくりに対する基本的なリスペクトを持っているかどうか。彼らはその点について敏感です。

一番よくない対応は、一方的にこちらの考えを押しつけようとすること。そして杓子定規に日程や計画にこだわり、その人たちの仕事を細部まで管理しようとすることです。このような仕事をしている人たちにとって、歯車の一部のように扱われるのは最もイヤがることであり、傷つけられたという思いを抱きます。そうなると、よい結果を出すことはできません。

日程に余裕をもたせる

えてして、若い人ほど自分の思い通りに仕事を進めたがり、日程や締め切りについて外部の人に過剰な要求をする傾向があります。そんな部下の行動を見たら、リーダーは真っ先に注意しなければなりません。

繊細でときに気難しいクリエイターを相手にする場合、しかも相手が年上である場合には、こちらにも繊細な対応が必要になります。あまりきっちり管理しようとせず、日程にある程度の余裕を持たせる。予定通りに進まなくても、柔軟に対応できるマージンをとっておくことが必要です。

基本は、日ごろからコミュニケーションをしっかり取っておき、相手にもこちらの事情を理解してもらうこと。それでも言うことを聞いてくれない場合は、関係を断つしかありません。相手は相手でリスクをとりつつ独立して仕事をしているのですから、そこは仕方のないことです。

第10訓

問題のある人物は、けっして自分のスタッフに入れない

かけ算の仕事で「ゼロ」は致命的

仕事が高度になればなるほど、スタッフの能力のかけ算で成果が決まります。能力が1の人間2人が一緒に仕事をしても「1×1＝1」にすぎません。しかし能力が2の2人が一緒に仕事をすると、成果は「2×2＝4」になります。

逆に能力がゼロ、あるいはマイナスの人がいたらどうでしょう。周りにどんなに優秀な人間が集まっても、その積はゼロかマイナスになってしまいます。

たとえば雑誌をつくる編集部で、４人のうちの３人が非常に優秀な編集者で素晴らしいページをつくった。ところが１人の能力がない編集者が原稿チェックを怠り、事実と異なる記載によって回収騒ぎになってしまった。

どんなにほかの記事の出来がよくても、一つの記事のミスですべて台無しになるのです。そうすると売上げどころかマイナスが会社全体に降りかかります。

組織をマネジメントする人間にとって、最も避けなければならないのは能力がゼロ、あるいはマイナスの問題社員を部下として抱えることです。

私が上司からそのような人物を押しつけられそうになったときは、とにかくあらゆる理由をつけて断りました。特にインテリジェンスの仕事では、一人のミスが致命的な結果を引き起こしかねません。組織どころか国益まで損ねます。

情け心を出して「自分が何とかしてやろう」などとは間違っても考えないこと。自分だけでなく部署全体、最悪の場合は会社全体に不利益が及ぶ危険があります。

中間管理職は、自分の部署がいかに不利益を被らないか、いかに利益を上げるかを最優先で考えるべきで、問題社員の再生は会社があなたに期待している仕事ではありません。それは上の役職や人事部が考えることなのです。

第11訓 やる気があっても、能力が足りない人には仕事を任せない

問題社員を見つけ出す究極のマトリックス

部下の特性と能力を見極めることは、管理職の一番大事な仕事だと言えます。それによって部下に適材適所で仕事を割り振り、組織の生産性を高める。部下の目利きができなければ管理職としては失格です。

私自身は二つのマトリックスを使って部下を分類していました。それを基準に与える仕事の質や量を調節していたのです。

人材を見極めるマトリックス 1

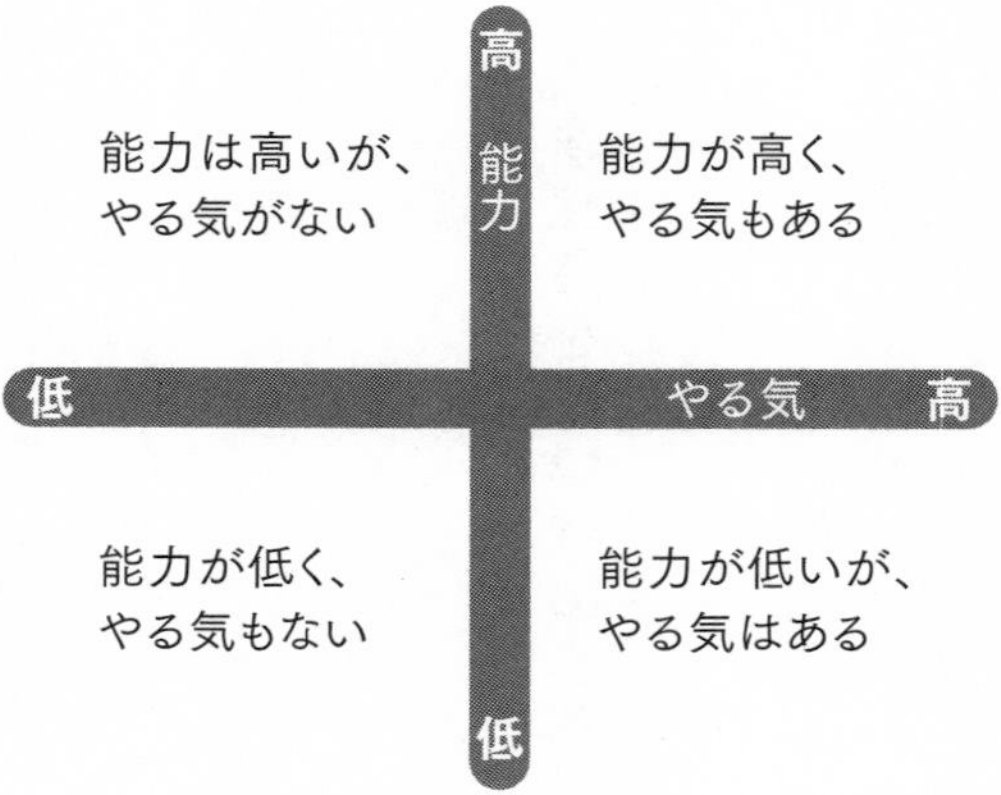

一つ目は能力とやる気の2軸からなるマトリックスです。縦軸を能力、横軸をやる気とすると、「能力が高く、やる気もある部下」「能力は高いが、やる気がない部下」「能力が低いが、やる気はある部下」「能力が低く、やる気もない部下」に分けられます。

この四つのうち、一番問題となるのはどのカテゴリでしょう。「能力が低く、やる気もない部下」のように見えるかもしれませんが、この部下に関してはそれほど問題にはなりません。重要な仕事からは外すようにすればいいだけです。

一番問題になるのは「能力が低いが、やる気はある部下」です。なまじやる気があるので本人はいろいろなことに挑戦しようとしますが、明らかに能力が足りていない。やる気を信じて仕事を任せると、ミスや手違いなどが頻出し、結局そのフォローに大変な時間と労力を費やすことになりかねません。

自己愛が強すぎる人には要注意

私がリーダーとしてチームを率いているとき、一番気をつけたのがこのタイプの部下でした。自分の能力を客観的に把握する力がなく、過信してしまう。

もしこういう部下がいたら、いつも注意を怠らず、言動をチェックし続けなければなりません。こういう人に限って自己愛とプライドが高いので、能力について頭ごなしに指摘するのは非常に危険で、逆恨みされる可能性さえあります。

仕事を任せる際には何か明確な基準をつくって、それに基づいた人材配置をしていることをアピールしましょう。たとえば、この仕事はＴＯＥＩＣで一定の英語力があると証明できた人に限る、などとします。客観的な指標にしたがって人材配置をしているという体で、感情が入り込む余地をなくすのです。

第12訓

仕事を楽しめているかどうかは、意外に重要な指標

バーンアウトに要注意

部下を分類するもう一つのマトリックスでは、横軸を仕事の楽しさ、縦軸を仕事の成果・達成度とします。仕事が楽しく、成果も上がっているのが「ハイパー型」。仕事は楽しくないが、成果は上がっている「ワーカーホリック型」。仕事は楽しいが、成果が上がっていない「マイペース型」。仕事が楽しくなく、成果も上がっていない「バーンアウト型」の四つに分けることができます。

人材を見極めるマトリックス２

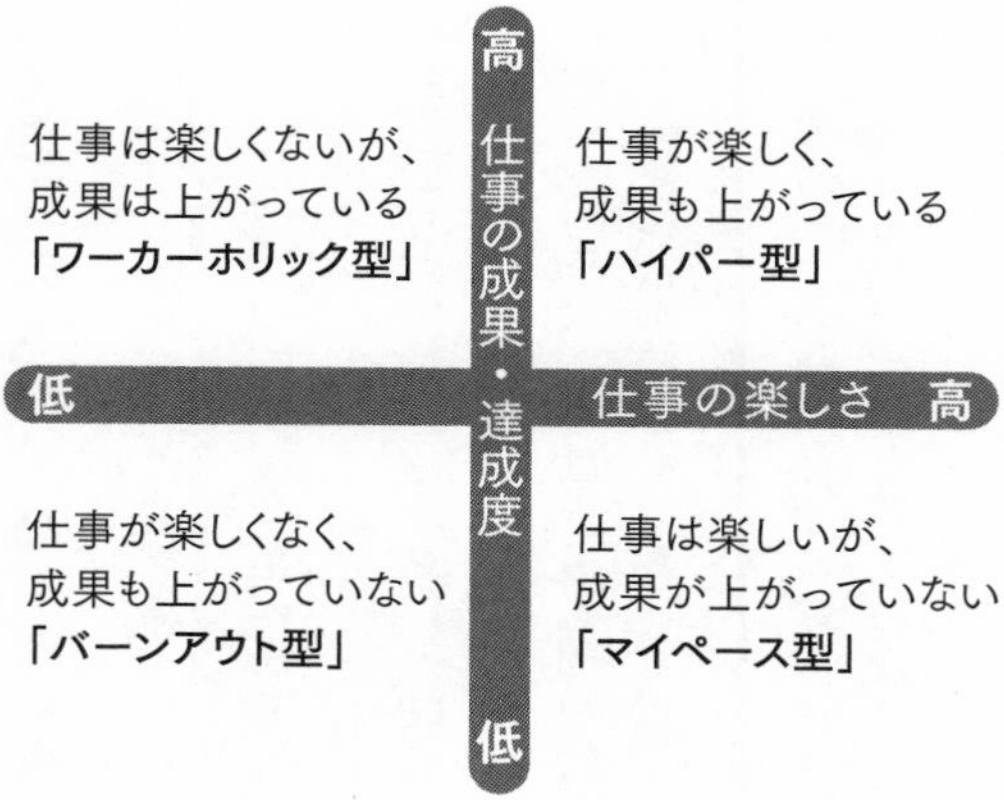

明らかに問題なのはバーンアウト型で、このままだとメンタルを病む可能性があります。早急に人事などと相談して、しかるべき手を打ちましょう。

もう一つの問題は、仕事の成果を上げてはいるが、その仕事を楽しんでやっていない「ワーカーホリック型」の人たちです。

成果は上がっているので問題がないように見えますが、この手の人たちはいずれすり減ってしまい、バーンアウト型に移行する可能性が高いです。先手を打って仕事量を少し減らす、しっかり休みをとらせるなど、何らかの手を打たなければなりません。

理想的な「ハイパー型」をいかに増やすか

成果を上げていないものの、仕事を自分なりに楽しんでいる「マイペース型」の人は、客観的には余裕があるように見えます。それで周囲から批判され、こういうタイプの人がスポイルされることがありますが、それは実にもったいない。この手の人たちは今たまたま成果が上がっていないだけで、いずれ別の機会に世の中のニーズにピッタリ合致し、ヒットを生み出す可能性を秘めているからです。

こういう人たちは、最も理想的な「ハイパー型」の予備軍だと言えます。目先の結果には少し目をつむって、その才能を自由に伸ばしてやる方が結果的に会社の利益になる確率が高い人材です。

能力とやる気、仕事への面白さと成果という二つのマトリックスは、部下を見極めるときの重要な基準になり得ます。判断に迷ったとき、評価への自信が揺らいだとき、指標として使ってみてください。

第13訓

思わぬところで役に立つ、直属以外の人たちとの関係

〝斜め上〟との関係性をつくる

組織を生き抜くうえで、意外に力になるのが「斜め上」の人たちとの関係です。組織では直属の上司との関係はもちろん大切ですが、それ以外にも別部署の上層、あるいは取引先の人などを味方につけておくのです。

私がこの斜め上との関係について意識し出したのは、外務省の後輩からの「佐藤さんはどんな状況でも上司といい関係を築いて、働きやすい環境をつくります

ね」という指摘からでした。私自身は意識していませんでしたが、彼に言わせると私が所属するロシア課の人だけでなく、他の部署の課長や局長がモスクワに出張する際のアテンドをよくしていたのです。また、政治家や政治部記者のアテンドもよくしていました。そういう別部署や他の組織の人たちを味方に引き入れることで、仕事をしやすい環境にしているように見えたわけです。

私としては、外部の人とつながりで有益な一次情報が入ってくるかもしれないという程度の考えでしたが、その関係性が私自身の仕事の環境をよくする大きな力になっていたことは事実です。

斜め上の人たちとは直接的な利害がありません。だからこそ、気に入られると有益な情報を教えてくれたりします。

思わぬ援護が得られることも

こんな話を聞いたことがあります。とあるメーカーに実力のある一人の部長がいたのですが、たまたま部下の仕事のミスで不良品を出し、責任問題になって左遷させられようとしていたそうです。

ところが処遇を決定する役員会議で、その部長とは直接関係のない部門の役員が助け舟を出したそうです。「私の管轄する部署でどうしても人手が足りずに困っているとき、彼が部下とともに休日出勤で手伝ってくれて、何とか乗り越えることができた。今回のようなことで彼を失うのは社にとっても大きな損失だから、今回はどうか寛容な処置をしてやってほしい」と。

こういうときは、直属ではなく他部署の上司が弁護してくれるからこそ効果を発揮します。会議では、その部長の日ごろの献身的な行いがひとしきり話題となり、結局このときは様子を見ることになったそうです。

第14訓

会社は結局、パワハラ・セクハラなどの告発者を排除する

問題を公にせず事を収めるには

たとえば直属の上司のパワハラやセクハラに悩んでいるときも、前項の〝斜め上の関係性〟が助けになります。こういう問題を人事に訴える手もありますが、その時点で問題は公になります。

その上司は何らかの処罰を受けるとしても、同時に訴えた部下にもたいてい結果的に冷たい仕打ちが待っています。それが組織というものの本質です。実際、

そうやって問題を公にした人が、何年かしたら結局はラインから外されてしまったというケースは少なくありません。

そうであれば、問題を公にする前に何かできることはないでしょうか。それが、斜め上の人に相談するという方法です。直属の上司と同僚で、お互いコミュニケーションがとれている立場の人物なら最適です。その人に時間をとってもらい、包み隠さずじっくり話を聞いてもらう。

その人は大事にならないよう、同僚であるパワハラやセクハラをしている上司に次のような感じで忠告してくれるはずです。「ちょっと聞いたんだけど、この話が人事に知られたらヤバいぞ。今のうちに控えておいた方がいい」。同僚からの意見であれば「たしかにヤバい」と感じて、行動にブレーキをかけてくれることが期待できます。

社内に相談窓口があって、セクハラやパワハラなどには積極的に取り組むという姿勢を示している会社であっても、いざ問題を公にするとどうしても角が立ってしまいがちです。まずは非公式な形で未然に事態を収拾できないか、可能性を探るようにしましょう。

第15訓

親しくなりたい人とは、定期的に会う機会をつくる

重要人物の懐に入る方法

人の懐にいかに入り込むか。私の体験から、いくつかのポイントがあります。まずは「3の数を意識して人脈のメンテナンスをする」ということです。何かの会合で面識を得た人で、これはと目をつけた人がいるとしましょう。

私の場合、最初に会ってから一定期間の間に3回は会うようにします。たとえば最初に会ってから1カ月以内にもう一度会う。それから3カ月以内にもう一度

会うのです。3カ月で3回会うと、かなり人の印象に残るものです。

また、2回目に会ったときにその人の持っている本を借りるというのも一つの方法です。お互いに興味のある分野の話で盛り上がったとして、それに関係する著書を相手が蔵書として持っていたら、その場でお願いして借りるのです。するとその本を返却する名目で、近々にもう一度会う機会をもらえます。

そのようにして3カ月以内に3回会えたら、その後はこれまた3カ月に一度を目安に、食事をするなどして顔をつないでおく。するとお互いの関係性が深まり、恒常的なつながり、つまり「人脈」となるでしょう。

食事というのは動物学的にも重要な行為です。食べるときは無防備なので、動物は危険だと思う相手とは絶対に一緒に食事をしません。逆に言えば、一緒に食事をするだけで仲間意識が強くなり、心を許し合った関係に近くなります。

特に関係性を深めるのが、会席料理やフランス料理などの肩肘張ったものではなく、鍋や焼き肉などの一緒につつき合う料理です。火や煙を囲むバーベキューもいいですね。原始時代、縄文時代に家族で輪になって食事をしたときの記憶が呼び起こされるのかもしれません。

第16訓

親しくなりたい人のことは、できる限り事前調査する

相手に「話が合いそうだ」と思ってもらう秘訣

相手と親しくなるには、いかに自分に興味を持ってもらうかということも重要です。自分を知ってもらうには、プレゼンして売り込むことが必要だと勘違いしている人がいますが、相手が自分に興味を持ってくれていなければ、それは単なるノイズにすぎません。

新人とは違い、ある程度のキャリアができてくると、相応の相手と会って話を

する機会が増えます。そんなときは自分の話をする前に、相手がどのような人物なのかを事前にしっかり調べて、会話をシミュレーションしておきましょう。

相手の性格、趣味や嗜好、行動パターン、生い立ちからこれまでの経歴まで、事前に手に入る情報をできるだけ集める。もしその人物に著作があれば、事前にできる限り読むことは大前提です。著名人でなくてもSNSで発信している人も多いので、それらをチェックすれば最近の動向がわかるはずです。

そのうえで、自分の手持ちの知識や教養のなかで、相手のレベルに見合ったものを探します。また、手持ちの情報で相手に興味を持ってもらえるようなものはないか、共通の話題として盛り上がれそうなものがないかと考えます。

相手が「この人、なんだか話が合いそうだな」と感じてくれれば、もう相手との関係性の半分が築けたようなものだと考えていいでしょう。

重要人物ほど適度な距離感が必要

重要なのは、焦ったりガツガツしたりしないことです。恋愛でもグイグイ押してばかりでは上手くいかないのと同じように、相手のペースに合わせて、興味を持ってくれるのを待つ。この姿勢がポイントです。

そもそも、こちらが近づきたいと思うような重要人物であればあるほど、他のビジネスパーソンも同じように考えています。そのような人物は、自分を利用しようと近寄ってくる相手をイヤというほど見ています。他の人たちと同じように近づいても、「こいつもか」と避けられるのがオチでしょう。

相手が重要人物であるほど、適度な距離感が必要になります。いきなりズカズカと相手の領域に踏み込むのはご法度です。また、本題だからとビジネスの話ばかりする無粋な人間も好まれません。

究極的には、相手が興味を持ってくれるような教養や知識を身につけた人物になることが必要ですが、そこまで成熟するには時間がかかります。今あるもので最大限の工夫をして、相手に興味を持ってもらい、つき合いたいと思ってもらうにはどうすればいいか。常に工夫や下準備を忘れないことが大切です。

第2章

人を動かすこと、人が動くことの本質とは

第17訓

「複合アイデンティティ」で、チームの多様な価値観をまとめる

大石内蔵助が持っていたリーダーの資質

複数の部下を動かすには、それぞれに応じたやり方でコミュニケーションを図り、意向を上手く伝達しなければなりません。モチベーションが下がりがちな部下の意識を高め、目的に沿った行動をさせ続ける必要があります。

人心掌握術に長け、上手に部下を動かしたリーダーとしては、赤穂浪士をまとめて吉良家に討ち入った大石内蔵助《おおいしくらのすけ》がいます。元禄一四（1701）年、赤穂藩主

の浅野内匠頭長矩《あさのたくみのかみながのり》は、江戸城内で高家筆頭の吉良上野介義央《きらこうずけのすけよしひさ》に罵倒されたことで斬りかかります。吉良は一命をとりとめますが、浅野は即日切腹を命じられて浅野家は断絶。浪人となった47人の家臣たちが翌年、元家老の大石内蔵助に率いられて吉良を殺害します。この話をモデルにつくられたのが『忠臣蔵』です。

しかし、実際は主君の切腹とお家断絶という危機に直面し、部下である赤穂藩士たちには深刻な内部での路線対立が生じていました。急進派の堀部安兵衛らは、吉良家に討ち入りをして主君の無念を晴らすべきだと主張。一方、江戸家老の安井彦右衛門は幕府の裁定を受け入れ、お家再興を図るべきだと主張します。

矛盾する価値観のどちらも排除しない

また、47人の藩士にも思惑の違いがありました。ある人にとっての目的は藩主の無念を晴らすことである一方、ある人は武士としての面目を保つことが大切だと考え、またある人は浅野家の再興を念頭に考えていたのです。

そのような状況で、大石内蔵助はさまざまな志向と目的を持つ部下をまとめ上げ、討ち入りという目的を達成しました。それができたのは、「複合アイデンティティ」の持ち主だったからだと推測します。異なる目的を矛盾なく内包するには、複合的なアイデンティティを持つことが大きなポイントなのです。

あるときは強硬派の一面を見せて、意を同じくするメンバーをまとめ上げる。またあるときは穏健派の一面を見せ、同じような意見を持つ者たちから支持をとりつける。これが普通の人間なら、「あいつの本心がわからない」とか「その場だけの調子のいい人間だ」という評価になってしまうでしょう。

ところが、大石はおそらく本当に本心から、両方に通じる精神と思想を持ち、それぞれと誠実に向き合いながら、自らの心中に矛盾を抱えつつも分裂することがありません。それを可能にするのが複合アイデンティティなのです。

つまり、ときに相矛盾する価値観に片足ずつを突っ込みながら、それぞれを自己の根っことして併存させているわけです。

部下の多様な個性を受け入れる力

作家として活動するうえで、私も自分のなかにある複合アイデンティティの存在を意識しています。私はマルクス経済学的な価値観とキリスト教的価値観という二つを拠り所としており、さらに社会主義的な視点と国家主義的な視点の両方から物事を捉えることがあります。

一見すると相矛盾する価値観が自分のなかで併存していますが、それで自分の行動や表現に矛盾が生じることはありません。むしろ、そのおかげでさまざまな立場の人、主張を持つ人と違和感なくつながることができる。これは作家としては大いにプラスに働く部分だと考えています。

多様な価値観がひしめく現代の社会において、誰の価値観も否定したり排除したりせず、複合アイデンティティを自らに併存できることは大きなアドバンテージです。それは、ビジネス社会における組織でも同様です。特に中間管理職が個性や行動パターンの異なる複数の部下をまとめるうえでは、複合的なものの見方、複合アイデンティティが大きな力となり得ます。

第18訓

できるリーダーは、場面や状況で〝顔〟を使い分ける

人はいくつもの顔を持っている

私たちは意識するしないにかかわらず、いくつかの顔（アイデンティティ）を持っています。「複合アイデンティティ」などというと難しく感じるかもしれませんが、私たちは日常でさまざまな価値観を自然に切り替えているのです。

たとえば、家では父親としての顔があり、会社では中間管理職としての顔、行きつけの飲み屋でもその場に即した顔がある。私たちはいくつかの顔があること

をあまり意識しないため、自分は一つの人格、一つのアイデンティティで生きていると思い込んでいます。

スイスの心理学者、精神科医であるカール・グスタフ・ユングは、人間は社会のなかで本来の自分とは別の仮面（ペルソナ）を持っていると指摘しました。また、ペルソナがいつしか自分の人格（アイデンティティ）だと錯覚することで、精神的な病に至る危険性を指摘しています。

人間社会におけるアイデンティティとは、そもそも複層的なものなのです。それを無理に一つのものとして固定するのではなく、矛盾する立場や考え方のそれぞれを認めてあげるのが自然な生き方だと言えます。

誰もが役割を演じている

人生を一つの舞台だと考えると、私たちはそこで一人二役、三役、またはそれ以上をこなす俳優だと考えればわかりやすいでしょう。それぞれの役を真剣に演じることで人生が成り立つ。望むと望まざるとにかかわらず、さまざまな役者を演じているわけです。

複合アイデンティティを意識するには、そのときどきの自分の役割と立場を考えることがポイントとなるでしょう。その他にも、自分の親や祖父母、その先の先祖といったルーツを考えることも一つの方法になり得ます。

親も祖父母も、今の自分とはまったく異なる環境で、まったく異なる人生を生きてきた。その生物学的かつ文化的な遺伝子が自分のなかに流れていることを意識する。両親のふるさとや祖父母の歴史を知るだけで、自分の世界が広がってくるはずです。それが、自分の複合的アイデンティティを包容する受け皿になってくれます。

第19訓

メンバーを束ねるには、上位概念としての「大義名分」が必要

矛盾は一つ上の次元で統合する

大石内蔵助が方向性の異なる武士たちを一つの方向にまとめられたのは、複合アイデンティティを持つと同時に、それらをさらに上の次元で統合する力があったからだと考えられます。

相矛盾するものを上位の概念で統合する。これは哲学者ヘーゲルによって定式化された弁証法の考え方で、「正（テーゼ）」と「反（アンチテーゼ）」の対立関係から、

より高い「合（ジンテーゼ）」が導かれます。まさにこの弁証法によって、大石はさまざまな部下をまとめ上げたのだと言えます。

討ち入りは主君の無念を晴らすという私怨のレベルの話ではない。吉良が浅野を追い込んだ以上、浅野家の臣である自分たちも最後までけじめをつけなければならない。武士としての筋を通すことが、主君長矩の名誉だけでなく、浅野家の名誉を守ることであると大石は考えた。

それだけでなく、大義を守ることが武士全体の名誉を高めることにつながるという上位概念を持ち出して、自分たちの行動を意味づけし直したのです。

その次元の話になると、それぞれ別の立場で主張していた武士たちが、共通の大義を貫く同志となり得ます。それが大石の狙いであるとともに、リーダーとしての資質でもあったわけです。

討ち入りの後のエピソードも興味深い。浪士たちは泉岳寺の住職に饗応《きょうおう》されましたが、そのときに討ち入りした際の吉良上野介父子の様子を聞かれた大石は、「ご父子様は見事なる働きでした。その他ご家来衆も恥ずかしくない働きでした」と称えたと言います。

この発言は、主君の恨みを晴らし、仇を討つという次元での行為であれば出てきません。自分たちの行動が武士の本懐、そして大義に基づいた行いだと信じているからこそ、討ち取った吉良だけでなく、その子や家来も武士として尊重し、賞賛することができたのです。

最終的に人を強く動かすのは利害や損得ではありません。誰もが納得できる大義があるかどうかであり、リーダーがそれを信じ込み、自分を犠牲にしてそれにまい進する姿を見せられるかどうかにかかっています。

「大義」の取り扱いには注意が必要

歴史を変えた思想家や宗教家の行動も、まさにこれと同じです。あくまで法を守るために毒杯を仰いで刑死したソクラテスや、人間の罪を贖《あがな》うためにゴルゴタの丘で磔になったキリストなどは、まさに自らを犠牲にして真理や大義をまっとうしました。それゆえに、二千年以上経過した今でも、その教えや発言が多くの人を感化し、今も大きな影響を与えているわけです。

同時に、大義には人の命を引き換えにできるほどの力があります。かつての大日本帝国が「大東亜共栄圏」や「八紘一宇」などの大義を掲げて新しい世界を目指した結果、多くの血が流れました。大義が国家権力と結びつくと、国民一丸となって他国との戦争に突き進むという可能性もあるのです。

イスラエルとパレスチナの間でたびたび起こる紛争が解決しないのも、互いに大義を主張し合い、相手を悪として駆逐しようとする「価値観戦争」に陥っているからです。この価値観戦争になると、どちらかが完全に破壊され、滅ぼされるまで終わることはありません。大義というのは人をまとめる力であると同時に、争いの力にもなり得るのです。

第20訓

リスクには事前準備、危機には類推の力で対処する

トラブルへの対処がリーダーの評価を決める

組織ではどこかで必ずトラブルが起こります。このトラブルにどう対処するかで中間管理職の評価が決まり、その後の明暗が分かれます。

まず、危機管理には二つの種類があることを認識しておきましょう。一つはリスク・マネジメントです。リスクとは業務を遂行する過程で起こり得るトラブルで、その確率は過去のデータや経験からある程度予測可能。つまり計量化が可能

な概念です。たとえば製品にどれだけの不良品が生まれる可能性があるのか。作業中にどんな障害や事故が起き、それによって破損やケガなどの被害を出す可能性がどのくらいあるのか。こうした予測可能なトラブルをリスクと呼びますが、その性質上、回避することが可能です。作業マニュアルなどはこのリスクを予測し、回避するためにつくられています。つまり、しっかりしたマニュアルをつくって対応することなどが、リスク・マネジメントと呼ばれます。

もう一つの危機管理は、クライシスと呼ばれるものです。これは予測が不可能な危機のことで、自然災害や交通事故、株価の大暴落、経営者の突然の病気や死などは、予測が難しいためクライシスとして扱われます。

できるだけ多くのパターンを頭に入れておく

リスクは事前の概念であり、クライシスは事後の概念だと言うこともできます。そのため事態がクライシスだと判断された場合は、いかに被害を最小に抑えるかというマネジメントになります。クライシスへの対応は、そもそも想定外ですからケースバイケースです。リスクへの対応に明確な答えがあるのに対して、クライシスへの対応にはそれがありません。

あらかじめクライシスに備え、不測の事態に対応するには、アナロジー（類推）が大きな力を発揮します。具体的には、歴史上の類似した事件の記録やレポート、小説やドラマなどを読んでおく。過去とまったく同じ出来事が起こることはありませんが、どこかに共通した要素があり、そこに解決に向けた何らかのヒントが含まれている可能性が高いのです。

たとえば時代小説には、現代の組織内での葛藤、リーダーとその部下などという関係性でなぞらえて読めるものがたくさんあります。理不尽な判断で責任をとらされることになった藩士、組織を辞めて自分の腕一本で勝負することにした下級武士、時代に翻弄されつつも古い価値観を捨てられない藩主など、クライシスの類型は時代小説のなかに豊富に含まれています。

不測の事態に対応するには、マニュアルは役に立ちません。必要なのは、できるだけさまざまなケースのトラブルやアクシデントの知識を頭に入れておき、目の前の事態にどう適用できるのかを類推することなのです。

第21訓

危機管理能力とは、事前にシミュレーションする力のこと

クライシスに直面したときの四つのタイプ

予測不可能な事態が起こったとき、人はパニックに陥りがちですが、そこで冷静に対処し、最善あるいは次善の策を模索する力がリーダーには求められます。

たとえば東日本大震災における福島第一原発の事故は、想定外の津波によるクライシスだったのか、それとも予測できるはずのリスクだったのか。クライシスとリスク、どちらと捉えるかが問題そのものです。

1998（平成10）年から2年間、原子力安全委員会の委員長を務めた佐藤一男さんは、その著書『原子力安全の論理——あなたにとって原子力とは？』（日刊工業新聞社）で、クライシスに直面した際、人間には四つの対応の類型があると指摘しています。

1 やるべきことをやる人
2 やるべきことをやらないか、中途半端にしかしない人
3 やってはいけないことをやる人
4 やってはいけないことをやらない人

1と4のパターンの人は、これ以上危機を広げません。ところが多くの人はパニックに陥って冷静な判断力を失って2や3を行い、それがさらなる被害の拡大につながってしまいます。

思いがけないトラブルやハプニングが起きたとき、狼狽してつい2、3をやってしまう人と、冷静に事態を把握して1、4を実行できる人。組織にとっては、

当然後者のような人がリーダーとしてふさわしいのです。

部下を観察し把握する力

もって生まれた性格もありますから、常に冷静沈着に対応するのは難しいかもしれません。しかし、この四つの行動パターンがあることを知っておき、いざというときにやってはいけないことをしないだけで、結果は大きく異なります。

また、もしあなたが部下をまとめるリーダーなら、部下がいざというときにどの行動パターンをとるタイプなのか、事前に見極めておく必要があります。

部下に対しては、日ごろからリスクとクライシスはどう違うのか、想定されるクライシスにはどんなものがあるのか、共有しておきましょう。そのうえで、危機に弱いと思われる部下にはクライシスが起こったときの行動をシミュレーションさせておきます。それだけで危機への対応力が違ってくるはずです。

第22訓

場面に合わせて、「ロジック」と「レトリック」を使い分ける

論理的なだけでは伝わらない

今の時代、どうしたら若い人たちに物事を伝えられるか、悩んでいる人も多いと推測します。その方法について、あらためて確認しておきましょう。

伝え方は大きく分けて二つの種類があります。一つはロジック（論理）です。ロジックにはいくつかの類型があり、「A＝B」「B＝C」なら「A＝C」であるという演繹《えんえき》法と、事例を列挙してそこから結論を導く帰納法です。

たとえばショウガが風邪に効くことを説明する場合、演繹法では次のような説明になります。ショウガに含まれているショウガオールという成分には、血管を広げて血流を促す作用が認められている。血行がよくなれば体温が上がり、免疫力がアップする。それゆえにショウガは風邪に効く。

もう一方の帰納的な説明は次のようになります。風邪をひいたときにショウガ湯を飲んだら楽になった。東洋医学でも風邪のときにはショウガ湯をすすめている。テレビ番組でも、風邪をひいたらショウガ湯を飲む人がけっこういると言っていた。だからショウガは風邪に効く。

おわかりのように、より論理的なのは演繹法の説明です。帰納法的な説明の場合、事例がたくさんあるだけでは真理かどうかを判別しにくい。仮に例外や反例が一つでも出てきたら、その理論は成り立たなくなってしまいます（ただし私たちの日常会話では、圧倒的に帰納法的な考え方が多く使われています）。

言い回し一つで印象は大きく変わる

それに対して、レトリックというのは論理ではなく、いわゆる言い回しです。さかのぼれば古代ギリシャの時代に弁舌で使われていた修辞学や弁論術に源を発していると言われます。

古代ギリシャでは、弁論の優劣が裁判の勝ち負けに大きな影響を与えていました。言葉巧みに聴衆を説得した弁論家が票を獲得し、裁判に勝っていたのです。そこから、レトリックとは詭弁を弄する術のようにも見えますが、相手に自分の意図を伝えるのにとても有効な表現術なのです。

たとえば、相手に「お前、ウソはつくなよ」などと言えば波風が立ってしまいますが、「お互い正直にやろうよ」と表現を変えれば、言いたいことは伝えつつも空気を壊すことはありません。

ビジネスでも、直接的な表現で関係をぎくしゃくさせるのではなく、言い回しを工夫することで、本質をぼやかしたり、ときにユーモアを交えたりしつつ相手に伝える。普段は部下に与える仕事の意味や意義、有用性を論理的に説明しながらも、難しい場面や困ったときにはレトリックで相手を煙に巻く。ロジックとレトリックを上手く使い分けることもビジネススキルの一つです。

第23訓

リーダーは、小説や詩歌で類推する力を常に鍛えておく

アナロジーとメタファーの回路をつくる

先ほど、クライシスに対してはアナロジー（類推）が有効だと話しましたが、あらためてアナロジーについて説明しておきましょう。組織をまとめて部下を引っ張るにも、アナロジーの力が大きなポイントになるからです。

現在の学校教育では、このアナロジーの力をつけるためのメニューは特に用意されていません。学校教育はある程度までのロジックを鍛えるのには役立ちます

が、学校の国語教育だけでは、アナロジー的な思考をビジネスで使えるレベルに引き上げるのには物足りないのです。

アナロジーの力は自分でつけることが可能で、それにはやはり読書が有効です。特に文芸作品を読むことで、アナロジーやメタファー（比喩）の力が鍛えられます。文芸作品は小説でもいいですし、メタファーが多く、読んでいるだけで想像力が働く詩歌もおすすめです。日常の話し言葉とは違うリズムや表現があり、読むことで脳が刺激されるはずです。最初は意味がとれずに混乱するかもしれませんが、読んでいるうちに頭のなかにメタファーの回路ができ上がってきます。

一方、小説は散文なのでメタファーとしての表現は詩歌よりは劣るものの、ストーリーを通してアナロジーの翼を広げるためのある種の蓄積ができます。

ちなみに、村上春樹さんの長編小説にはアナロジーやメタファーが多用されています。特に『ねじまき鳥クロニクル』と『騎士団長殺し』（ともに新潮文庫）は、全編がアナロジーとメタファーにあふれています。読者はある種の謎解きをしながら、言葉や表現に隠された意味を常に類推しながら読んでいくことになり、それによって自然とアナロジーとメタファーの力がついてきます。

第24訓

「革新型」の部下を上手く使えば、チームをいい方向に動かせる

タイプ別・組織との五つの距離感

組織に対してとるべき距離感というものがあります。近からず遠からずという適切な距離感をとることが、生き残るうえで意外に重要なポイントになります。これまでの経験から、私は組織の価値観に対する人のスタンスは大きく五つに分けられると考えています。

一つ目は「同調型」です。組織の価値観に染まっていて、組織と自分を一体化

させて考えるタイプです。ロイヤリティ（忠誠心）が高く、会社にとっては有用な人材ということになるでしょう。時代をさかのぼれば、主君に仕える武士などはまさに同調型で、組織と自分の運命を同一視します。いざ事が起これば、命まで投げ出すほどの覚悟を持っているタイプです。

戦後の復興と高度経済成長のなかでは、年功序列と終身雇用というシステムを原動力に、いわゆる家族型経営と呼ばれた日本の会社組織が力を発揮しました。そこでは、会社と仕事に自らを捧げるほどの高いロイヤリティが必要でした。組織と非常に距離感の近い考え方をする人たちがこの同調型です。

これに対して、表面上は組織の価値観に従いながら、内心は必ずしも同調していないタイプの人もいます。これを「儀礼型」としましょう。

今の時代、会社にしても役所にしても、組織に所属する多くの人たちはおそらくこのタイプです。会社は会社、自分は自分と線引きをしていて、なかば儀礼的に組織の価値観に従うふりをします。その線引きができているうちは問題ないかもしれませんが、矛盾が大きくなって内面の葛藤が激しくなると、精神的なダメージが知らずのうちに蓄積されていく可能性があります。

もう一つは「逃避型」です。このタイプの人は組織からできるだけ距離を置き、自分の価値観とペースを守ろうとします。かつて私が勤めていた外務省にも、このようなタイプが一定人数いました。能力はあっても出世競争からは早々にドロップアウトし、自分の時間を大事にします。ある程度大きい組織ではこのような距離感で仕事をすることも認められますが、組織に余裕がない場合や小さい組織では同調することを強要され、従わなければ組織から真っ先に排除されます。

革新型の人材は諸刃の剣

組織への不服従を前面に出すタイプが「反抗型」です。自己主張が強く、正義感や責任感が強いため組織では変わり者扱いされるタイプでもあります。本人は正しいことを主張しているつもりなので、なかなか妥協しません。あくまで組織を否定し、反抗する姿勢を崩さないので、やがて煙たがられて窓際に追いやられ、しばらくして会社を辞めることになります。

最後のタイプが「革新型」です。組織に対して否定的な態度をとることは反抗型と共通していますが、同時にこのタイプの人は組織に対するロイヤリティも高いのが特徴です。「今の組織はここが問題なので、改善するべきだ」とまじめに、建設的に考えています。反抗型にも見えるため排除されることも多いですが、組織をよりよくするには有用な人材です。それを理解していないと、厄介払いをしたつもりで、実は思わぬ貴重な人材を失ってしまうことになります。

かつての二・二六事件で決起した青年将校たちは、まさにこの革新型だと言えるでしょう。農村が疲弊する一方で財閥が富を独占していた当時の日本社会を憂い、天皇と国民がもっとあるべき姿でつながることを考えていた。彼らは、まさに日本を救うべく立ち上がったわけです。

ただし、その方法論が当時の社会や昭和天皇自身にも受け入れられず、結局は反乱軍として捕らえられ、多くは国賊として処刑されてしまいました。

組織から見ると革新型がもっとも対応が難しいタイプでしょう。放置しておくと組織全体を揺るがしかねないが、かといって安易に排除するにはもったいない人材も多い。考え方を理解し、より高い次元で彼らの価値観と組織の価値観を統合できれば、組織はより強くなる可能性があります。

第25訓

「内在的論理」がわかれば、難しい相手でも恐れる必要はない

行動の裏側にある感情を読み取る

「どうしてあの部下は何かにつけて反抗的なのか?」

「なぜあの上司はいつも不機嫌で、すぐ感情的になって怒るのか?」

このように思い通りにならない相手を、しょせんそんな人間だからと切り捨てたり、敵対する存在だと認識したりすることはよくあります。

ところが同じ相手に対しても敵対することなく、むしろ良好な関係を築いてい

る人もいます。たまたまウマが合っただけなのか、好き嫌いの基準が違うのか。

インテリジェンスの世界では、相手の「内在的論理」を把握することを重視します。それぞれの国家はある種の閉じられた系のなかで存在しており、人種や民族、国家の成り立ち、システムや制度、価値観や宗教も異なります。

そんな相手とやり取りするとき、自分たちの価値観や常識だけで判断すると対応を誤ります。私たちが長い時間をかけて価値体系と基準を築き上げてきたように、相手にも相応の価値体系と基準、理屈があります。それを理解し、彼らの考え方や行動の根本にある論理を読み取ることがインテリジェンスの大前提です。

それができれば相手の行動の真意を読み取り、こちらの動きに相手がどう反応するかを予測できるようになります。するといたずらに相手を警戒したり、恐れを抱いたり敵対的な感情を抱いたりすることがなくなるのです。

戦略的に怒っている上司もいる

このことは国家間だけでなく、人間同士の関係でも同じです。突然怒り出す上司をただ恐れるのではなく、なぜあんなに怒るのかと憤るのでもなく、相手をよく観察して怒るツボや理由を推測します。

能力があっても仕事を怠ける部下に怒りを感じる上司がいれば、ウソをつかれることを特に嫌う上司もいます。それぞれの怒りのツボは、過去の体験や自身のコンプレックスが関係しているのかもしれません。

なかには本当に怒っているように見えて、実は組織をまとめるために戦略的に怒っている上司もいます。そういうカラクリだと理解していれば、余計な恐怖心やストレスを感じる必要はないことがわかります。

部下の場合でも、なぜかすぐに反抗的になったりふてくされたりする人や、かたくなに関係を拒んで距離を取ろうとする人がいます。そのような場合、部下の入社前から現在に至る経歴や体験、部下の性格や行動パターン、価値観や考え方がつかめれば、その後の対応がずっと楽になるでしょう。少なくとも、相手に対して感情的に反応することはなくなります。人間対人間ですから、上司でも部下でも、すべきことはそれほど大きくは変わらないのです。

第26訓

チームに負の感情を生まないよう、部下は平等にほめる

負の感情をマネジメントするのもリーダーの仕事

組織は人の集まりですから、そこではさまざまな感情がぶつかり合い、渦巻いています。特に中間管理職として気をつけるべきなのは、怒りや嫉妬といった負の感情のマネジメントです。

少し前まで、部下を叱るときは一対一で、ほめるときは大勢の前でというのが常識とされていました（私たちの世代が若いころは、当たり前のように大勢の前で叱られてい

ましたが)。

ところが、最近は叱るときはもちろん、ほめるときも一対一が基本になっています。誰かをみんなの前でほめると他のスタッフが嫉妬したり、すねたりしてモチベーションが下がってしまう。ほめられる側もそうした周囲の反発を恐れて、「頼むからみんなの前でほめないでほしい」と思っているのです。

ひと昔前なら、「自分もほめられるように頑張ろう」と考える人が多かったのですが、今や発奮材料どころかマイナスの感情に落ち込むきっかけになります。

安易に誰かをほめたばかりに、チーム全体の士気が下がるだけでなく、ほめられた優秀な人物も嫉妬や仲間外れに苛まれてパフォーマンスを落としてしまう。組織としては何一つプラスがありません。

中間管理職としては、できるだけチームのモチベーションを高め、パフォーマンスを維持することが求められています。「そんなことにまで気をつけなきゃいけないの!?」と思うかもしれませんが、ちょっとした言動で部下のやる気をそがないように気を遣うことも、今のリーダーの仕事なのです。

チーム内のやっかみを消す方法

とはいえ、組織のなかに評価される人とそうでない人たちがいるのは当然です。リーダーの対応としてありがちな失敗は、嫉妬されている側をコントロールしようとすることです。「ちょっと我慢して、あまり目立たないようにしてくれ」などと言って、嫉妬されている部下を制御しようとします。

ところが、仮にその優秀な部下が言動や立ち振る舞いに気をつけたところで、嫉妬している側はなかなか変わりません。

これはストーカー被害にあっている人に対して、「相手を刺激しないように気をつけて」と言うのと同じです。いくら被害者に注意させたところで、ストーキング行為をしている人の意識や行動を変えなければ解決はしません。

このようなときに上司がすべきなのは、嫉妬している側の承認欲求や自己評価を満足させてあげることです。

「実は、日ごろから○△さんのこういうところを高く評価している」

「□○さんのこういう能力が組織にとって大いに役立っている」

このように嫉妬している側を評価することで、彼らの自己評価を上げ承認欲求を満たしてあげる。ほめることにコストはかかりませんし、それを人事考査に反映させる必要もありません。たったひと言で組織のモチベーション、パフォーマンスが上がり、嫉妬されている部下も救われるのです。

第3章

組織の論理に潰されない考え方、動き方

第27訓 暴力性を内在するという意味で、会社組織の本質は軍隊と同じである

軍隊と会社組織の共通点とは

組織というものを定義するとすれば、何かしらの目的や目標を持ち、それを達成するために動く集団です。

ビジネスにおける会社組織は、商品やサービスの売上げと利益を極大化することが最終目的です。組織の構成員である従業員は、それぞれに与えられた役割のなかでできる限りのパフォーマンスを上げることが求められます。

その意味で、最も効率的な組織だと言えるのが軍隊です。

軍隊の目標は自国を守ることにあり、ときには他国の軍隊と武力をもって戦い、相手に打ち勝つことが求められます。通常、軍隊は最高司令官（大将）をトップに中将、少将といった将官、大中小佐や大中少尉といった士官、軍曹や伍長などの下士官、そして一般の兵卒から成るピラミッド型の組織です。

戦闘に勝つにはまさに上意下達、命令一下ですべての部門が的確迅速に行動しなければなりません。生き残りをかけた厳しい状況では下の人間の意向を考慮する余裕はなく、上官の命令は絶対です。第1章で命令とは暴力であり、それを躊躇なく行使できることが上司の必要条件だと話しました。軍隊という最も先鋭化した組織では、弾丸が飛び交う最前線に飛び込んでいくよう兵士に命令するなど、その暴力性が最も端的な形で発揮されます。

どんな会社も「力の論理」で動いている

ビジネス社会における企業体も、常に顧客獲得、シェアの拡大を巡って競合他社との激しい競争にさらされています。会社組織もまた、目的を達成するために内在する暴力性を躊躇なく発揮します。

昨今の企業は、規模にかかわらずコンプライアンスを遵守することが求められており、表向きはたしかにパワハラやセクハラ、いじめは抑制されているように見えます。ですが、暴力性を内包している、力の論理で動かざるを得ないという組織の本質から言えば、それらの問題がなくなることはありません。まず、そのことをしっかり理解しておく必要があります。

組織の悪を見事に表現している小説に、野間宏の『真空地帯』があります。舞台は終戦間近の陸軍の内務班です。主人公の木谷は上官の財布を盗んだという冤罪で2年3カ月服役したあと、原隊に復帰します。

大阪の歩兵部隊に復帰した木谷は4年兵ですが、内務班は本来3年兵までしかいません。内地の内務班では、いつ誰が前線に飛ばされるかで疑心暗鬼で、その人事を巡って組織のなかで陰湿ないじめや暴力が横行しています。

年次が一つ違うだけで、上級兵から下級兵への殴る蹴るの暴力は日常茶飯事。4年兵の木谷は周囲から煙たがられ何かと嫌がらせを受けますが、最後は4年兵であるという立場を前面に押し出し、全員に制裁を加えます。

何とも救いも出口もない世界ですが、敗色濃厚な状況のなか、目的を見失っている組織では、このような不条理な暴力が日常化してしまう。たとえば業績が悪く目的と方向性を見失った会社では、程度の差はあれ、この小説のような不条理な暴力が蔓延しがちではないかと考えられます。

第28訓

上司への反対意見は3回まで。それでダメなら粛々と従う

組織と戦ってはいけない

組織の本質は軍隊であるということを前提にすれば、上司とは部下にとって基本的には絶対的な存在であることがわかります。

よほどのコンプライアンスの無視や反社会的な仕事の強制などであれば別ですが、組織の一員として存在するからには上司の命令には従うのが基本です。

その点で言うと、役所は軍隊的組織としての特性がより色濃く出ています。あ

る種の閉鎖空間であるため、一般企業に比べてコンプライアンスへの意識が希薄です。現状、わが国で最も軍隊に近いのは霞が関などの官僚組織でしょう。

私がいたころの外務省は、今よりその傾向が顕著でした。外務官僚には、次の二つの「暗黙の掟」があります。

一、上司は正しい。部下は上司に絶対服従すべし
二、上司が間違えている場合でも、部下は逆らわずに絶対服従すべし

明文化こそされていませんが、実際にこの二つの掟で動いていたことは事実です。まさに軍隊そのものですが、組織の本質はどこでもいつの時代でも、基本的には変わりません。本質的に組織の暴力のなかで生き抜いてきた上の世代、特に60代以上の人たちに対しては、とにかく面と向かって逆らうことはタブーです。

もし本当に上司の言うことがおかしいとしても、反対意見を言うのは3回まで。それでも上司が同じ命令を繰り返すなら、それ以上は反対してもムダです。「わかりました」と言い、一転して粛々と命令を遂行する。あるいは、その会社や役

所を辞めるという選択をすることです。

その切り替えをしっかりしておけば、上司は「なんだ、結局あいつはオレの言うこと聞くんだな」と、むしろ好感と信頼を寄せます。

絶対に避けるべきは、ふてくされたりいやいや命令に服したりすること。この世代の上司に反抗すると、当然ながら敵に回すことになります。

年次を経ると、組織がいかに強いものであるかがわかってきます。結局、組織は上の人間の味方であることは前にもお伝えしましたが、それは上層に楯突く人間を嫌う組織特有の力の論理が働いているからです。

組織にとって、どんな形でも反逆して下剋上を狙う者は最も危険な存在であり、最終的には必ず潰しにかかってきます。

もちろん、そういうものと徹底して戦うという考え方もあるでしょう。覚悟のうえで戦うのであれば、それはそれで筋が通っています。ただし、時間や労力、人間関係など、失うものも膨大です。それを見極めたうえで判断しましょう。少なくとも本書を手にとって読んでいる人たちは、基本的には組織で上手に生きることを考えている人ですから、そうなると結論は明らかなのです。

第29訓 対話を通じてチーム内に組織の論理を浸透させる

今のリーダーは世代の狭間にいる

昔の会社組織が軍隊のDNAを色濃く残していた一方、今の会社はよりフラットな組織体系になり、より均質化されつつあります。

世代的に、ちょうど真ん中にいるのが今の中間管理職ではないでしょうか。下を見れば若手社員が日常業務でもCSR（企業の社会的責任）に敏感な一方、上はパワハラなどの組織の暴力がなかば当たり前だった世代で、コンプライアンスに考えが及ばない人も多くいます。

今の中間管理職は何とも厄介な立場ではありますが、そこでも両者の内在的論理を理解して、上手く立ち回らなければなりません。

中間管理職に必要なのは、ある種のグレーさや曖昧さを受け入れることだと言えます。これが正しい、それ以外は間違っているという二元論ではなく、相矛盾するものを併存させる多元性、前向きな意味での〝いい加減さ〟です。

また、従わない部下に力の理論で上から「こうしろ」と押しつけるだけでは上手くいきません。じっくり向き合って話をして、会社の立場と組織の理論について少しずつでも理解させていく必要があります。

若手には、「妥協して受け入れることが、実は長い目で見てプラスになる」という文脈で話すことも必要でしょう。今の若い人は理想を追い求める傾向があるのと同時に、損得に対する意識が強いからです。

右肩下がりの時代を生き抜くなかで、大いに得をすることは難しくても、できるだけ損はしたくない。そうした彼らの生活保守的なマインドを刺激するために、内向きな態度をとると組織内で孤立し、結局損をすることを伝えるのです。

第30訓

要点を微妙に外し、かわす言い回しを身につける

言質をとられない言葉選び

中間管理職には、予想外の厄介な仕事が回ってくることがあります。私がモスクワの日本大使館に勤務していたとき、自民党の幹事長室の中堅職員から電話がありました。当時、大統領だったエリツィンがソ連時代の秘密文書を次々と公開し、共産主義体制におけるさまざまな出来事を暴露していたさなかでした。

その事務方は、ソ連共産党から日本社会党への資金供与があったというニュー

スが流れていることについて、私がその情報を入手して流しているのではないかと探りを入れてきたのです。とっさにこう答えました。

「私のよく知らない話です」

実際には、ロシアのある情報屋からその文書を入手し、東京の外務本省に報告していました。ですが、私はその文章を「極秘」扱いにしておいたので、外部に漏れているはずがありません。ここは下手なことを言ってはいけない場面です。

結局、政府は資金の流れを調べるための代表団をモスクワに派遣することになりました。もし先ほどの質問に迂闊《うかつ》な回答をして、私が情報を入手し流していたなどという言質をとられたら、後には引けなくなります。その代表団の調査にかかわりを持たなければなりません。

役人が政争に絡む話に巻き込まれると、あとあと厄介なことになる可能性があります。下手をすると政争の道具にされたあげく、こちらにさまざまな責任を負わされてしまう可能性もあるのです。

先ほどの言葉には、実は外交官という職業ならではの微妙なレトリックが盛り込まれています。よく見ると、「私はよく知らない」と言っているだけで、「まったく知らないわけではない」と弁明する余地を残しています。

否定する対象を微妙にずらすことで、あたかも入手してないように受け取れる言い回しになっているのです。

ウソをつくのは最悪手

このとき、「入手していない」などとウソをつくのが一番まずい対応です。それが発覚したとき、相手に決定的な弱みを握られることになります。微妙な言い回しを駆使して、ウソをつかない形で逃げる。相手が勝手に「佐藤優はどうやらこの件に絡んでいないようだ」と推測してくれるような言い方をするのです。

ちなみに、交渉で相手より優位に立とうとするときは、わざと相手にウソをつかせるように追い込むという手があります。それをカードとして持っておき、あとでそのことを責め立てると一気に形勢が有利になります。

ビジネスにおいても、相手に言質をとられたくない場面があります。そのときの言動一つでこちらに火の粉が飛んできたり、厄介な仕事が回ってきたり、責任をとらされたりするような状況です。

上手な逃げの言い回しのポイントは、自分にとって不都合な情報は極力出さないようにして、ウソではない範囲で曖昧にしておくことです。相手が勝手に推測し納得してくれるように、言い回しを工夫しましょう。

言質をとられず、しかもウソをつくことなく、相手に解釈させて逃げる。この技術を身につけると、仕事において大きな力になります。

第31訓

上を巻き込むことで、厄介な仕事から体をかわす

面倒な案件から上手に逃げる方法

前項の話には続きがあります。幹事長室の職員は、私自身が文書に関与しているかはさておき、私に調査団のアテンドを依頼してきました。そこで私は、信頼している在京のある政治部記者に電話をしました。経緯を説明したところ、彼は「それは政争に巻き込まれたね」と言います。

1992年8月、東京佐川急便から金丸自民党副総裁への5億円の闇献金問題

が発覚し、野党が自民党を追求しようとしていました。そこで自民党は目先を変えるために、この資金提供問題を提起しようとしているというのです。

どうやら私一人で判断できる案件ではありません。そこで当時の直属の上司である政務担当公使に相談しました。話の途中で公使の顔が引きつり、自分では対応できないレベルの話だから総括公使と大使に相談するべきだと言います。

また、「とにかく上に話を振って、佐藤君自身は逃げるべきだ。病気を理由にストックホルムかロンドンに潜伏するのがいい」と言ってくれました。

ですが、先方には私がその時期モスクワにいることを告げてしまっていたので、その方法ではウソをつくことになり妥当ではありません。

政務担当公使は、上の総括公使と大使に話して彼らの指示を仰ぐこと、今後は東京の本省から公電が来るまでいっさい動かないことを方針として決めました。

「自民党筋から連絡が来ても『出先じゃ対応できないので、外務省の本省に話を通してくれ』と押し返せ。あるいは、いっさい電話に出なくていい」

つまり、この件について上の立場の人間に直接相談をさせて、その後はいっさい報告をしないという徹底した「逃げ」を打ったのです。一見卑怯な対処法のようですが、組織を生き抜くためには、上の人間を巻き込むというのはときに非常に有効な手段です。実際、この政務担当公使はその後大いに出世しました。

自分の力量を超えた仕事、権限を越えた仕事や汚れ仕事など、厄介な案件を振られたときにどう断るか。中間管理職以上になったとき、意外に重要さを痛感するスキルです。

第32訓

手持ちの情報が少ないと、合理的な決定を下すことはできない

組織の不条理にどう向き合うか

中間管理職になると組織の不条理と直面する機会が増えてきます。そこで組織や会社に絶望し、燃え尽きたようにモチベーションを失ってしまう人がいます。ただし、その不条理にも背景に必然性とパターンがある。それを知っておくだけで、いたずらに落胆したり嘆いたりすることはなくなるはずです。

組織の不条理の実例としては、1942（昭和17）年8月から翌年2月にかけて

行われたガダルカナル島の攻防があります。日本軍は戦力に勝る米軍を過小評価し、火力も兵站も不十分なまま戦力の逐次投入を行い、そのつど圧倒的な火力の米軍に撃退されていました。普通に考えれば、いったん後退して兵力を整え、相手を分析したうえで作戦を組み立て直すべきでしょう。

相手と自分が同じ10の力を持っているとしたら、こちらが力を1ずつしか出さなければ、2を出した相手に負け続けて最後はゼロになります。陸軍司令部のお粗末な作戦で、結果的にガダルカナルで日本軍は約2万人を失います。ちなみに米軍の人的損害は約7000人ですから、約3倍の差ということになります。

素人から見ても不条理で場当たり的な作戦が、なぜ超エリート集団の参謀本部で策定され、通ってしまったのか。経営学者で慶應義塾大学名誉教授である菊澤研宗さんの著書『組織の不条理』(中公文庫)によれば、一見不条理に見える日本軍の作戦や戦法も、「限定合理性」という概念で説明できます。

限定合理性とは、1947年にアメリカの政治学者、認知心理学者、経営学者のハーバート・サイモンが唱えた概念で、限られた情報しか持たない人間は、完全に合理的な選択をすることができないということです。

限定合理性の実例としては、たとえば選挙では候補者の能力や人格、これまでの実績、実行力などのさまざまな情報を考慮したうえで選ぶのが合理的です。

しかし実際は、限られた情報のなかで、本人の印象や世の中の流れなどから候補者を選びます。実際、少し前に某政党から比例代表で当選した参議院議員は、国外に逃れたまま国会に出ることもなく、ネット上で個人的な秘密を暴露し続けて問題になりました。結局、同議員は議員の資格をはく奪され、帰国したのちに逮捕されました。どうしてこのような人物が国会議員に選ばれたのか。

まさに限定合理性のなかで、限られた情報しか持たない人たちが、その限られた情報のなかで判断し投票した結果だと言えるでしょう。

不合理そのもののガダルカナルの戦いには、陸軍が白兵戦と呼ばれる旧式の戦法にこだわっていたという要因もありました。日本陸軍は日露戦争での成功体験に固執し、訓練してきたその戦法を捨てられなかった。限定的な情報しかない究極の場面で、すがりついたのが白兵戦だったというわけです。

第33訓

人間の判断は、そもそも合理的ではないと心得ておく

サンクコスト効果とプロスペクト理論

限定合理性と同時に、サンクコスト効果やプロスペクト理論も、人間の非合理性や組織の不条理を説明するヒントになります。

サンクコストというのは埋没費用と訳されます。経営学の理論の一つで、ある事業や行為を途中でやめたとき回収不能になる費用のことです。この埋没費用が大きくなればなるほど、途中での計画変更や中止がしづらくなります。

わかりやすい例は、パチンコで負けている場合の心理でしょうか。すでに3万円使っているが当たりがない。冷静に考えれば、これからいくらつぎ込もうが当たるとは限らないのですから、「今日はツキがなかった」とあきらめて、傷が大きくならないうちに切り上げるべきです。

ところが、つぎ込んだ額が大きいほど「何とか少しでも取り戻したい」「これだけ使ったんだから、もう出るはずだ」という気持ちが働きます。負けを確定することに耐えられず、ズルズルと続けてさらに負けを増やしてしまうのです。

先ほど例に挙げたガダルカナル攻防戦でも、本土にある参謀本部にとっては、損害が増えれば増えるほど作戦変更が難しくなったことでしょう。途中で作戦を中止すればその損失が結果として突きつけられ、参謀本部としての責任問題になる。それを先延ばしにするにはとにかく戦力を逐次投入し、作戦を遂行し続ける必要があるわけです。

客観的に見ると何とも非合理かつ不条理な話ですが、負けを認められない組織にはこうした行為を止める手段がないのです。

自分では気づけない「認知のゆがみ」

もう一つのプロスペクト理論とは、損失と利得の額が同じ場合、人は損失の方により強い印象を受けるということです。たとえばじゃんけんに勝ったら1万円もらえるが、負けたら1万円払うという賭けを誰かに提案したとしましょう。

おそらくほとんどの人はこの提案に乗ってきません。1万円を得る確率と失う確率はどちらも2分の1で同じはずなのに、人はどうしても負けて1万円支払うことの方に強いストレスを感じるからです。確率も期待値も同じなのに、どうしても損したときにイヤな気分になることを考えてしまう。私たち人間には、もともとそういう認知のゆがみ（バイアス）があるということです。

このバイアスが顕著に表れるのが、株式投資における人間の行動です。仮に持ち株が上がった場合、もっと上がる可能性があっても下がることを恐れて早めに利益を確定してしまう。もちろんそれが功を奏する場合もありますが、多くはもっと稼げたはずの利益を逃しているのです。

一方で持ち株が下がった場合、損失は印象がより強いので、本来はすぐに損切りをするはずです。ところが、「もう少し待てば上がるのではないか」という希望的観測でズルズル持ち続けてしまい、損を確定させることができません。その結果、損切りのタイミングを失い、大きく負けてしまうことがよくあります。

利益確定と損切りのタイミングが株式投資の難しいところですが、この認知バイアスによって多くの人は損をしたり、資金を長期にわたって塩漬けにせざるを得なくなったりします。

この認知バイアスは企業組織でもよく見られます。儲けが出はじめてこれからもっと伸ばしていくべき事業に対して、なかなか思い切った人員配置や投資ができない。逆に、もう撤退すべき事業の縮小や廃止をなかなか決断できない。

サンクコストやプロスペクト理論を知ることで、組織の不条理も実は人間の認知バイアスがかかわっていることがわかる。いたずらに組織の不条理を嘆いたり失望したりするのではなく、そもそも人間の判断は非合理なものだと知っておくだけで、見える景色はずいぶん変わってくるはずです。

第34訓

与えられた条件で、最大の成果を上げるのがリーダーの仕事

嘆いても状況は変わらない

結局のところ、私たちは与えられた環境や条件のなかで業務を遂行するしかありません。極端なことを言えば、どんなに温暖化で自然災害が日常化するとしても、今の段階で私たちは地球という星で生活するしかないのと同じです。

それぞれに与えられた諸々の条件を「与件」と言います。ビジネスもまた、さまざまな与件のなかで何とか工夫し、知恵を働かせ、力を合わせることで成果を

得るものです。環境が悪い、状況が悪いなどと与件を嘆いてばかりいては、いつまでたっても先に進めないし成長することもできません。

新型コロナ禍も、まさにそんな与件の一つでした。この感染症の蔓延で、飲食店は規制と自粛を迫られました。これをマイナスの与件として嘆くばかりの経営者と、ビジネスチャンスにして飛躍のきっかけにした経営者がいます。

たとえばある飲食店はすばやく宅配サービスに力を入れ、それが当たりました。企業の役員クラスのリモート食事会に目をつけて、ちょっと高価なメニューのデリバリーで業績を伸ばしたところもあります。同じ与件でも、考え方とやり方によってはマイナスにもプラスにもなる。これからの厳しい時代を生き抜くには、そのような発想の切り替えができるかどうかが重要です。

このことは、中間管理職の人たちにとってもまったく同じです。スタッフが少ない、予算がない、教育体制が十分でないなど、不満の種はいつでもある。

そこでモチベーションを下げてしまうか、むしろここは工夫のしどころ、他と差別化するいいチャンスと捉えられるか。その差は、数年後に大きなものとなって表れます。

第35訓

リスクヘッジとして、一つの派閥に注力しすぎない

外部環境の激変も想定しておく

組織が大きくなればなるほど派閥が生まれます。出世を目指すなら、派閥との向き合い方は大きなポイントです。私自身の体験から言うと、組織の派閥がある程度明瞭な場合、直属の上司のラインに7割は従いつつ、3割は保険をかけるくらいのスタンスが妥当でしょう。たとえば直属ラインの課長が社長派なら、社長派に7割の比重を置き、残りの3割は専務派ともつながりを持つ。

これが社長派と専務派に五分五分、あるいは六分四分のつき合いだと、それぞれの派閥から回し者扱いされたり、風見鶏のような人間だと判断されたりしかねません。これが八分二分、九分一分以上になると、その派閥の大将が何らかの事情で負けたとき、詰め腹を切らされる可能性が高くなります。そうなると、感覚としてはやはり七分三分という割合が、ちょうどバランスがとれています。

ただし、会社が買収されたなどで大きな人事異動があり、それまで主流派だったのに急に外に追いやられるという可能性もあります。主流の派閥にいるとしても、想定外の事態があれば一瞬にして立場が逆転してしまうのです。

だからといって、すべての派閥から距離を置いて一匹狼に徹するのがいいかといえば、けっしておすすめはできません。どの派閥にも属さないと言えば聞こえはいいですが、そういう人は実際はどこからも声がかからない問題児か、あるいは能力がない人か、どちらかだと見なされてしまいがちだからです。

厳しい状況も「与件」だと考える

ただし、ごくたまにですが、周囲から実力を認められながら人間性も優れていて、あらゆる集団から一目置かれているような人物がいます。超党派で受け入れられる稀有な人材で、本人はそれほど出世を意識していないのに、するするとトップに上り詰めることもあります。組織人としては最も恵まれた類の人物ですが、例外中の例外として考えた方がいいでしょう。

ちなみに、いきなり外部環境が変わって人事に大きな変動があるときは、どう動くのがいいのでしょうか。このようなときは、下手に動くのが一番の悪手です。まずは上司の言うことを聞きながら、事態が落ち着くのを待つ。そして新しい体制のなかで自分が生き残れる道を探すことです。少なくとも、新しい上司となった相手とぶつかってはいけません。突然自分の上にどんな上司が来ようとも、それこそ「与件」として冷静に受け入れ、対処する姿勢が必要です。

そして、飲み会の席などではこれまでの上司の悪口や新しい体制への不満は絶対に言わないこと。新しい体制では、誰もが生き残りをかけて虎視眈々と他人のあら探しをしているものです。ちょっとした言葉に尾ヒレがついて、告げ口の材料にされかねません。

第36訓

出世とは結局、「巡り合わせ」と「運」にすぎない

勝ち残るのはたった一人

組織の一員である以上、そのなかで上の地位に就きたい、出世したいというのは健全な欲求です。組織において何かしらのリーダーになることは、自分の仕事の自由度と個人の能力を高めてくれます。

ただし、出世を目指したとして、自分の意志と努力でなれるのは課長、部長（中央官庁であれば課長）までだと考えておきましょう。頑張って成果を出していて人間

性に大きな欠陥がなければ、そこまでは到達できるものです。

その上の本部長、役員となると話は別です。どれだけ努力して成果が上がっているとしても、本部長から上のポストに就ける保障はありません。そこから先は、なれる人の数が極端に限定されるからです。

上に行ける人と行けない人の決め手は、端的に言えば巡り合わせと運です。たとえば同期あるいは前後2年の先輩後輩に飛び抜けて実力のある人物がいる場合、ポストはその人に奪われてしまい、自分が座るチャンスはなくなります。自分がどんなに成果を上げていても、そんなものが霞んでしまうほどのスターがいればもうおしまいです。

負けてからが本当の勝負

また、部下が不祥事を起こしてその責任をとらされることも、目をかけてくれていた幹部や属していた派閥のトップが争いに敗れてしまうこともあります。その巻き添えになって、ラインから外されてしまうのもよくある光景です。

日本の人事システムでは、一度でもラインから外されると敗者復活は難しい。そこから巻き返したとしても、トップにまでいくことはほとんどありません。いずれにせよ、一時定年と呼ばれる50歳なかばで取締役についていなければ、ほとんどが子会社に出向するか退職することになります。

自分のキャリアのピークはどこにあるのか、おそらく40歳をすぎたあたりではぼ見えてくるはずです。私から言わせれば、企業の人事システムでは結局、勝ち抜くことができるのは一人しかいないので、その他の人たちはすべてどこかの段階で敗退します。

その意味で、負けてからがビジネスパーソンとしての本当の勝負です。負けを引きずって、そのまま腐ってしまうのか。それともこれを人生の転機、チャンスと捉えて、自分なりの新たな価値観とモチベーションを見つけられるか。

いかに出世するかを考えつつ、同時にいかに上手に負けるかを考えるのが中間管理職以上の人たちの課題です。

第4章

私たちを動かしている競争原理について

第37訓

競争社会の枠外にも、自分の価値観を守る多くの人たちがいる

今の労働形態がすべてではない

意識するしないにかかわらず、私たちは資本主義社会の原動力となっているメリトクラシー（能力主義、功績主義）という価値観に染まっています。

子どものころから厳しい入学試験を体験し、偏差値によって学校や会社を割り振られてきた世代の人は、他者より少しでも高い点をとって上にいくことが幸福への道だと刷り込まれてきました。それによって勝者への賞賛や羨望が生まれる

と同時に、敗者を冷たく蔑《さげす》む風潮が生まれます。

そんな社会で競争に敗れ、あるいは競争に疲れて、引きこもりのようになってしまう人たちがいます。仕事もせず部屋にこもり、一日中ゲームやSNSをやっている。組織の軋轢《あつれき》に身を投じて一生懸命働いている人たちから見ると、彼らは怠けているようにしか見えないかもしれません。

ただし、職場に社員全員がそろって朝から夕方まできっちり働くという労働形態は、工場労働制が生まれた近代以降の話です。江戸時代以前の社会では、農業にしても商業にしても、各人の自由な裁量のもとで働いていました。定時に出勤して定時に帰る現代の「健全な」ビジネスパーソンの生活の方こそ、特異なものと考えることもできます。

息が詰まるようなオフィスの空間で、常に競争にさらされる。少し不適応や失敗があると能力のない人間としてスポイルされる。そんな環境にどうしても適合できない人がいるのは、ある意味で当たり前だと言えるでしょう。

精神科医の斎藤環さんによれば、「引きこもり」の人は繊細で、正常な神経の持ち主が多いそうです。他人の苦境を無視できない人、人を押しのけてでも自分が上がることを潔しとしない人たちです。

引きこもる人のなかにはうつ病などの精神疾患を伴う人もいますが、抗うつ薬などを投与しても改善が見られない人が一定数いるそうです。

精神疾患でないとしたら、いったい何が原因で彼らは引きこもるのか。このような引きこもりの人たちこそ、形はどうあれ自らの尺度と価値観を守り、社会にNoを突きつける覚悟を持った人たちなのでしょう。

つまり、ある種の思想的な態度表明です。多くの人は引きこもりの人を敗者や怠け者だと捉えがちですが、むしろ心のなかにある社会への疑問や違和感にフタをしてひたすら勝ちを目指す人こそ、思想的に怠慢なのかもしれません。

もちろん、仕事のスキルを身につけてキャリアアップするには、競争社会に身を置いて頑張ることが必要です。ただし、そこから少し軸足を逸らした目線を持ち、常に「それがすべてではない」と自らに言い聞かせる。引きこもりを否定したり排除したりするのではなく、社会全体から俯瞰してその存在を認める。それによって、自らが強く生きるためのヒントを得られます。

第38訓 勤勉に働く日本人というイメージは、明治以降につくられた

上から導入された日本人の意識

私たちの意識や価値観は、当然ながらその時代における社会の価値観に影響を受けます。資本主義社会で生きる私たちは、中間管理職として部下を率い、上司や役員とやり取りをするうえで、まず資本主義社会の構造と本質を知っておく必要があります。それが会社の論理、組織の論理の下敷きになっているからです。

同時に、自分自身の無意識の行動も資本主義社会の構造と本質に沿ったものに

なっています。たとえば、私たちは勤勉に働くことや努力することがよいことであり、当たり前のことだと考えていますが、この当たり前のように見える考えも、資本主義社会の論理によってつくられてきたものだと言えます。

歴史学者の安丸良夫さんは、この勤勉や倹約といった価値観は明治時代に入って一気に国民に広まったと指摘しています。意外なことに、江戸時代の農村部は休みが多かった。ある研究では最大で年間80日間も休みがあったそうで、誰もが毎日必死に働き続けるような社会ではなかったのです。

明治になり、市場経済が一気に広がると状況は大きく変わります。身分制度が撤廃されて人々が自由になった一方、それまでの社会的な基盤や価値観が変化することで不安定な状況が生み出されます。

金銭収入を求めて農村から都会へ人が流れ込み、新たに「大衆」という階層が生まれる。人々は能力によって自由に職業を選べる代わりに、激しい競争社会に投げ出され、そこからこぼれ落ちる人も出てきます。

当時は、政府がまだそれほど大きな力を持っていないことが大きな問題でした。租税徴収力が弱いため、再分配をして社会的な弱者を救うというセーフティネットを整える余裕がありません。

そこで政府が国民に広めたのが「自助努力」という概念です。昔の小学校の校門近くには、薪を背負いながら本を読んでいる二宮尊徳（金次郎・1787〜1856年）の像がありました。今も残っているという学校は多いでしょう。

江戸時代後期に小田原で生まれた二宮尊徳は幼いころに両親を失い、伯父の家を手伝いながら独学で勉強し、出世しました。青年期に家を再興し、その後小田原藩士の服部家を再建した実績をもとに、独自の農法や農村改良策で小田原近辺の約600もの村を復興したと言います。

この二宮尊徳の勤勉、倹約、親孝行などの思想と行動が明治10年ごろになって政府から称揚され、明治30年代から修身の教科書に登場しました。

二宮尊徳と自助努力の概念

特に深い哲学的な裏づけはないものの、世間一般に流布している道徳規範のようなものを「通俗道徳」と呼びます。明治政府は、なぜこのとき二宮尊徳を象徴とする勤勉、倹約、親孝行といった通俗道徳を推奨したのでしょうか。

そこには個々人が自分の能力と努力で人生を切り開き、幸せをつかみ取るべきだという、自由主義的な思想があります。

また、欧米社会には神のもとで個々人が職業労働を禁欲的に、勤勉に行うべきだというプロテスタンティズムの宗教倫理があり、これがのちに資本主義のベースになりました。そうした概念が弱い日本では、上からの道徳的規範として後づけで定着させる必要があったのです。

海外からもそのような思想が取り入れられます。イギリスの著述家のスマイルズ（1812〜1904年）のベストセラー『自助論』は、日本でも1872（明治4）年に『西国立志編』として紹介されています。

「天は自ら助くる者を助く」の言葉通り、自助努力こそが大切であり、それがすなわち立志、つまり出世の原動力になるということです。

第39訓

競争がなければ、資本主義社会は成り立たない

福沢諭吉が本当に伝えたかったこと

明治期の日本にとって、優秀な人材をいかに獲得し、活用するかは大きな課題でした。そこで出てくるのがメリトクラシーの考え方で、血縁や縁故、出自ではなく、試験の成績などの客観的な数字や指標でその能力を測り採用します。

このメリトクラシーを基礎として尋常小学校から大学までの教育制度が整い、国家検定の教科書によって全国で画一的な教育が施されます。いわゆる「読み、

書き、そろばん」が上手な人材は、国家にも企業にも不可欠です。人々は勉学に励み、他者との競争に勝たなければ目標を達成できません。全員が同じ土俵で試験を受けて点数を競うメリトクラシーの原型は、明治時代にまでさかのぼります。

このメリトクラシーと競争社会の到来を賞賛し、加速させたのが福沢諭吉の『学問のすゝめ』で、「天は人の上に人を造らず、人の下に人を造らず」と唱えました。福沢は啓蒙思想家として、平等の価値観の大切さを唱えた人物とされていますが、同書では「されども今広くこの人間世界を見渡すに、かしこき人あり、おろかなる人あり、貧しきもあり、富めるもあり、貴人もあり、下人もありて、その有様雲と泥との相違あるに似たるは何ぞや。」とも問いかけています。

「人間としては平等なのに個々人に差があるのは、それぞれが努力して勉強したかしないかの差である」と言いたいわけです。『学問のすゝめ』は340万部の大ベストセラーになり、多くの人々は学問の大切さを認識し、勉学に励みました。

世界で国民国家が成立していく19世紀には、国家間の競争を勝ち抜くために、個々人が努力し成熟することが求められていました。メリトクラシーや競争社会は、明治期に人為的に導入されたものであることは覚えておくべきでしょう。

第40訓

ビジネスパーソンは必ずどこかで負ける

競争に勝てないのは努力が足りないから？

個々人が競争のなかで努力と勤勉に励み、その能力を高める。このことは国の力になると同時に、指導者層にとっては弱者を切り捨てる際のエクスキューズにもなり得ます。つまり、「競争に負けて貧困に落ちるのは、努力して能力を伸ばしてこなかった自分自身の問題である」という自己責任論です。

通俗道徳的に考えると、この自己責任論は当たり前のように見えます。しかしその本質は、社会問題を個人の問題に帰するという論理のすり替えにすぎません。そのことに気がついていないと、ネガティブな思考に押しつぶされてしまいます。

私たちは意識せずにこのような国家と資本の論理を身につけているわけですが、これを少し専門的な言葉で言うと、国家と資本の論理を「内面化」、もしくは「身体化」しているということです。

そのため、自分の意識下にあることから距離を置き、客観的かつ俯瞰的に省察することは難しい。自分で主体的に思考し行動を選択しているつもりが、実は教育や社会の規範の枠内から一歩も出ていないことに気づきません。明治時代における通俗道徳の価値観のなかで、多くの人が頑張っていたのと同じ構図です。

ほとんどの努力は報われない

誰もが一生懸命に勉強し、試験などの競争に打ち勝って立身出世を目指す。これは国家だけでなく、資本主義にとっても大いに整合性があります。企業が競合他社との競争に打ち勝って拡大再生産を目指すことは、社会の成員が常に努力して他者との競争を勝ち抜こうとすることと相似の関係にあるのです。

新自由主義が日本で大いに拡大したのは2000年以降、小泉首相の時代からですが、そこでも盛んに言われたのが「自己責任」という言葉でした。

そもそも、努力したからといって必ず報われるわけではありません。むしろ、ほとんどの努力は報われないと言った方が正しいでしょう。企業においても部長、本部長、役員とそのイスは頂点に向かうほど少なくなり、最後は社長一人だけ。どんなに努力しても、社長以外の人々はいつか負け組になるのです。

成功するためには努力が必要だが、努力が必ず報われるとは限らない。また、敗者は社会の構造から必然的に生み出される。この真理を忘れて、自らを責めすぎることのないようにしましょう。

第41訓

「最近の若い人たちは保守的だ」と言う前に知っておきたいこと

団塊ジュニア世代は競争意識が強い

40代、50代のビジネスパーソンが、「最近の若い人たちは保守的で、夢がない」などと嘆くことがあります。たしかに私たちの世代と比べると、今の若い人たちはガツガツしていない印象があるようです。

しかし、そう感じるのはいつの時代も同じなのかもしれません。私は1960年生まれですが、私たちより上の世代では学生運動も盛んで、世の中の矛盾に怒り、自分たちで社会を変えていこうという動きがありました。その反動か、その後の私を含めた人たちは「シラケ世代」と言われ、頑張ったところでどうせ世の中は変わらないという「ニヒリズム」や「シニシズム」が蔓延します。

その点で、私は異端児だったと言えます。学生運動はどの大学でも下火になっていましたが、私のいた同志社大学は1980年代になっても新左翼的な学生運動の火が残っていて、侃々諤々、さまざまな政治潮流の学生たちとやり合いました。この時代では、おそらく化石のような部類の人間だったと思います。まじめに必死に頑張ることはカッコ悪い、ダサいというのが社会の風潮でしたから。

その後のバブル期や就職氷河期を経て、若い人たちのマインドは一気に冷えていきます。ちょうど団塊ジュニアが就職する時期で、親が就職で困難な目にあったのと同じく、その子どもたちもさらに厳しい就職難に見舞われます。

彼らはその前のバブル世代とは一転して現実的で、競争意識や上昇志向が強い。激しい競争を生き抜いてきた団塊世代の親から、自然にそのマインドを引き継いだのでしょう。その後は一転、競争意識が希薄ないわゆる「ゆとり世代」が誕生しました。マイペースで個人主義的な志向が強く、飲み会や社員旅行などには参加せずに自分の時間を優先し、仕事が終わればすぐに帰宅する。

今の若者が生活保守主義に走る切実な理由

そして現在は、より現実的で保守的な若者が増えてきています。ゆとり世代ほどマイペースではなく、むしろ周囲の状況をしっかり見ながら、自分にとって一番利があることは何かを冷静に見極めているようです。

会社の人たちとのつき合いも、無碍に拒絶するようなことはありません。前の世代より積極的で、あらゆることをソツなくこなしますが、同時に社会が右肩下がりという状況で、この世代の若者はあまり大きな夢や希望を抱きません。それよりもいかに損をしないか、自分だけ割を食うような事態に陥らないようにするかを最優先に考えます。

いわゆる「生活保守主義」と呼ばれるものです。変革を好まず、現状維持を一番の優先課題とする。人並みの暮らしができるならそれでいいという、保守的な生活スタイルを選びます。

今の若い人たちのこの生活保守主義は、社会全体の右肩下がりがこれからも続くと予測されるなかで、平均的な生活から落ちたくないという願望からくるものです。現状に満足しているわけではないが、もっと悪くなるよりはマシだということなのでしょう。

映像作品で若い人たちのマインドと行動を知る

もちろん、このような世代論は個々人の資質を考慮しない非常に大雑把なもので、すべての人に当てはまるわけではありません。ただし、人間はやはり時代とそのときの社会の空気に大きく影響を受けるものです。世代の大きな流れや特徴を知っておけば、自分と異なる考え方や行動パターンに直面したとしても、いたずらに拒絶したり感情的になったりせず、冷静に対応できます。そして、その経験は組織を動かすうえで大いに役に立つことでしょう。

最近の若者に見られる生活保守主義の傾向は、小説などの文章作品より、映像作品の方が手っ取り早く、よりリアルに実感できます。私がよくおすすめしているのが『東京タラレバ娘』です。

東村アキコさんの漫画が原作で、2017年にテレビドラマ化されました。30歳になった高校の同級生の女性3人が、20代のころとは異なるさまざまな出来事に直面しながら、お互いの問題や悩みを吐露しつつストーリーが進みます。

この作品のメッセージは非常にストレートで現実的です。まず会社は、どんなにブラック企業でも辞めてはいけない。派遣やフリーランスで生きていけるほど世の中は甘くない。あとは、以前であれば美化されがちだった不倫も、結果的にお互いが損をしてしまうのでダメ。恋愛するなら結婚しなければ意味がない。

この話からは、今の世の中において女性が一人で生きることがいかに大変かという現実が見えてきます。結婚は恋愛の成就や自己実現などではなく、あくまで生活保障であるという割り切りと冷めた視点です。

今の若い人たちは、少なからずこのように現実への冷静な目を持っています。そして理想やロマンなどではなく、リアルな生活をいかに維持するかが最優先の課題になっている。ヒットする映像作品はたいてい現実社会の傾向を反映しているので、見るだけで若い人たちの考えを読み取ることができるのです。

第42訓

自分と、自分の周りの人を大切にする生き方

競争社会から軸足をずらす

意識するしないにかかわらず、私たちは子どものころから競争に身を投じています。中間管理職の人たちは、まさに会社の仕事を通じてそのような競争原理の真っただ中にいると言っていいでしょう。担当している仕事や率いているチームが成績を上げ、評価される。それによって次のポストが見えてくる。

特に自分のなかに明確な目標や目的がなくても、生き抜くには目先の競争を勝

たなければならない。競走馬はレースで周りの馬が走り出すと、どの馬もトップに立とうと懸命に走ります。それに似た状況だと言えるかもしれません。

そうやって一生懸命に仕事を頑張ることで、自分自身のスキルやキャリアが磨かれることも事実です。私自身、かつて外務省にいたころは月の残業時間が300時間に達していました。そのように過酷な労働環境で揉まれた経験が、現在の作家という職業に役立っていることは事実です。

ただし、大多数が遅かれ早かれ敗退するとしたら、いかにそのゲームから上手く抜けるか、上手に負けるかということが仕事人生の後半の大きなテーマになります。ポイントは、競争の渦中にいるときからときどき軸足をずらすこと。自分の環境や状況を俯瞰的、客観的に見直し、立ち位置を相対化するのです。

自分の生き方を貫いた外務省の先輩

外務省にも、上手に競争から退いている人がいました。この人は東京大学医学部中退で、おそらく成績だけなら当時の学生のなかで全国ベスト10に入っていたはずです。性格は温厚で、成績抜群だったので最難関の東大理Ⅲに受かったのですが、医者になりたいわけではなかったそうです。他人とのコミュニケーションが上手ではなく、何より血を見るのが苦手。途中で理Ⅲから方向転換し、外務省の試験を受けて入省しました。

会話こそ得意ではありませんでしたが、ロシア語と英語の読解力は抜群。インテリジェンス部局にいるときにＣＩＡで学び、独自のマトリックス分析で活躍しました。学者肌なので他の職員からは奇異の目で見られることもありましたが、私はこの人からたくさんのことを学んでいます。

結局、外務省本省では小さな課の課長を一度務めただけで他省庁に出向になり、最後に当時ソ連から独立したコーカサス地域の小国で大使になっただけでした。

しかし、そんなこと本人はおかまいなし。外務省のラインには乗らず、派閥抗争からも自由で、部下に無理な仕事をさせることもありませんでした。家族や自分の周りの人たちを大切にして、それなりに満足のいく幸せな人生だったことでしょう。

第43訓

友人関係については長い目で見て、早計な判断は避ける

30代、40代で起こる友人関係の変化

会社で中間管理職になる30代後半から40代になると、友人関係も大きく変わってくる可能性があります。このころはちょうど一番脂が乗ってきて、仕事の責任が重くなると同時に面白さも感じられるようになります。子どもがいたら小学生から中学生で、これからお金がかかる高校や大学へと進学する年ごろ。一番必死に働かねばならない、また働くことのできる時期です。

たとえば、それまで親しくしていた仲間から、出世して一気に年収が上がった人が出てくる。そうなると、残念ながらかつてのような横並びの感覚ではつき合えないと感じる人が出てきます。趣味の話や共有している昔話で盛り上がれていたのが、どうにもかみ合わなくなってきて、白けた空気が流れてしまう。このくらいの年代になると、多くの人が友人関係の変化に戸惑いを覚えます。

私は長くビジネスパーソンからの悩みに答える連載を続けていますが、そこで出世して収入が増えた友人が次第に高圧的になり、昔と違って上から目線でものを言うようになったという相談がありました。変わってしまった友人に憤り、もう絶交も辞さないと本人は言うのですが、それはあまりに軽率な考え方です。

人生に浮き沈みはつきものですし、世代世代に特有の価値観もあります。ちょうど中間管理職として成果を上げ、それなりに出世して年収が上がっている。自信に満ちていて、なかば有頂天になっている時期なのかもしれません。

また、競争の激しいビジネス社会を駆け上がり、ちょうどそのような弱肉強食、競争至上主義の価値観にはまり込んでいる時期である可能性もあります。

このような人に対して下手に意見をしても、結局は意見のぶつかり合いからケンカになるのがオチでしょう。一方で、早まって相手に見切りをつけて絶交する必要もありません。

友人関係は、お互いの環境や価値観のズレで一時的にぎくしゃくする時期があるものです。それはすぐに何か手を打ったり結論を出したりすべきものではなく、しばらく距離と時間を置くことが大切になります。

今は会社の中心としてプライドを持って仕事をしているとしても、それがいつまでも続くわけではありません。前述した通り、多くの人は遅かれ早かれ何らかの挫折をして、限界を知るというのがビジネス社会の現実です。

そのときにふと自分と自分の周りを見渡して、これまでのビジネス社会の価値観に虚しさを感じるかもしれません。高慢になっていた自分を顧みて、再び昔の価値観と感覚を取り戻す。そういう人は、意外にたくさんいるのです。

30代、40代のころの同窓会はお互いの自慢話ばかりでギスギスしていたのが、定年前後の同窓会ではみんなすっかり脂が抜けきって、昔の屈託のない関係性に戻って楽しく会話ができる。よくある話です。

第5章

組織のなかで心が折れそうなとき

第44訓

確固とした考え方の「核」があれば、空気を超越できる

なぜ無謀な作戦が実行されてしまうのか

誰でも、組織のなかで押しつぶされそうになる瞬間があります。そのときには、まず組織や社会がどのような理論で動いているのかを見極める姿勢が大切です。私たちを取り巻くものの本質がわかれば、いたずらにそれを恐れることがなくなり、組織の力を感じつつも自分を保つことができるはずです。

もう一つ、大切なポイントが自分のなかに核（芯）をつくることです。周囲に

流されない自分なりのものの見方、哲学を持つことだとも言い換えられます。

ただし、これは私たち日本人にとって比較的苦手な分野です。山本七平という評論家が書いた『「空気」の研究』（文春文庫）が指摘する通り、日本人は空気に弱い。全体の空気の流れをなんとなく感じ取り、それに逆らわないようにする。最近の同調圧力という言葉も同じことを言い表しています。

山本は著書で戦艦大和の沖縄特攻作戦についてふれています。米軍が沖縄に上陸し、もはや敗色濃厚となった１９４５（昭和20）年４月、日本海軍は内地に温存されていた戦艦大和を沖縄に向かわせることに決めます。

航空機の護衛もつかず、片道の燃料しか積まないというまさに特攻作戦でした。もし沖縄にたどり着くことができたら、そのまま浅瀬に座礁させて砲台として活用するという計画だったようです。圧倒的な米軍の戦力を前に、ほとんど成功の可能性がないことは明白でしたが、作戦は実行されます。


驚いたことに、「文藝春秋」昭和五十年八月号の『戦艦大和』（吉田満監修構成）でも、「全般の空気よりして当時も今日も（大和の）特攻出撃は当然と思う」（軍令部次長・小沢治三郎中将）という発言が出てくる。この文章を読んでみると、大和の出撃を無謀とする人々にはすべて、それを無謀と断じずるに至る細かいデータ、すなわち明確な根拠がある。だが一方、当然とする方の主張はそういったデータ乃至根拠はまったくなく、その正当性の根拠は専ら「空気」なのである。

『「空気」の研究』（文春文庫）

結果、大和は九州の坊ノ岬沖で撃沈されます。戦死者は2700人とも3000人とも言われ、航空機特攻で亡くなった兵士の総数とほぼ同じ。山本は、これだけの犠牲者を出す作戦が「その場の空気」で決まったと指摘しています。

空気の支配は戦時下に限らず、私たち日本人にとっては日常的なものです。新型コロナウイルス流行時の政府や国民の対応も、空気によって大きく左右されていました。マスクをつけるか外すか、周りの様子を見なければ判断できないという人が大多数だったように感じます。空気を読むことは大事ですが、同時にこの空気に内在する論理を読み取り、それをできるだけ概念化し、俯瞰する。それによって、空気に支配されない「強い自己」をつくることができます。

第45訓

空気を打ち破るには、自分のなかに別の価値観を確立する

空気がすべて非合理なわけではない

先の戦艦大和の出撃について、私自身は軍令部の判断をある程度は理解することができます。それは前述した「限定合理性」という観点からです。

当時、大和は内地に停泊していて、いずれ空襲を受けることは目に見えていました。このまま一度も出撃することなく沈められてしまうくらいなら、一縷《いちる》の望みにかけて作戦を立て、正々堂々と戦わせたい。座して死すより、覚悟して戦っ

たうえで散る。いわば戦艦大和に「死に場所」を与えてやるというのが、当時の軍令部の考えだったのでしょう。その理屈自体は、軍人として十分に合理的です。だからこそ、無謀な作戦であっても反対する人はいなかったのです。

もう一つ、この出撃には沖縄の人々に対する強烈なメッセージが込められていました。そのまま海軍が水上特攻作戦をしなければ、沖縄の人たちや沖縄守備隊の兵士たちは、自分たちは見捨てられた、捨て石だったと考えるでしょう。

日本海軍の象徴である戦艦大和を差し向けたことで、日本国家は沖縄を大切な日本国の一部であると示すことができる。このことは戦後、沖縄が日本に返還されて国家統合となるに至り、少なからぬ力をもたらしたと考えられます。

日本社会で「空気」が重要な要素なことはまぎれもない事実で、会議でも全体の流れに逆らって異議を唱えるケースはほとんど見られないはずです。

ただし、この空気は日本という国と日本人だけにあるのではなく、どこの国や人々の間にもしっかり存在すると山本は指摘しています。

「問題は、その〝空気〟の支配を許すか許さないか、許さないとすればそれにどう対処するか」（前掲書）だけだと言うのです。

私なりの結論から言うと、特に西欧のキリスト教圏でなら、神の存在こそがその空気を取り払う一種の「魔除け」のような力となり得ます。

山本七平はプロテスタントのキリスト教者です。あの本では文章として表現こそしていませんが、日本人が空気に流されるのは、一神教による絶対的な神を持っていないからだと指摘したかったのでしょう。

空気というものを超越する力の源になり得るのは、宗教や神だけではありません。さまざまな思想や哲学も同様の力を持つことができます。良くも悪しくも、マルクス主義もそんな超越性を持つ思想でした。一つの体系的な思想で世の中の仕組みとカラクリを解き明かし、未来を指し示す。それによって資本主義を相対化し、自分自身の立ち位置を確認することができたのです。

ただし、超越性は宗教や哲学的理論だけにあるわけではありません。ある人には強い美意識が、またある人には個々人の倫理観が、あるいは自分の先祖の存在に恥じない行いをしようとする儒教的な規範が、立派な超越性となり得ます。

自分のなかにある超越性を意識すると、それが空気や周りの圧力に流されない大きな力になり、折れにくい心をつくることにつながるのです。

第46訓

新たな世界の見方ができる「四つの交換様式」

社会は価値の交換で成り立っている

2022年4月、日本の思想家、哲学者である柄谷行人さんが、哲学のノーベル賞と言われる「バーグルエン哲学・文化賞」を受賞しました。アジア人としては初の受賞で、賞金額もノーベル賞と同じ100万ドル（約1億4千万円）。週刊誌などでも盛んに報道され話題になりました。

この大変名誉ある賞を授かったのは、柄谷さんが提唱している「交換様式」という考え方が大きなポイントだったようです。

かつて資本主義社会の構造を解き明かし、その問題点を浮かび上がらせたのは『資本論』などを著したカール・マルクスでした。しかし、その理論の裏打ちによって建国されたソビエト連邦などの共産主義国家群は、今から30年前にそろって崩壊し、マルクスの理論は一時期の勢いを失ってしまいました。

私自身は、共産主義国家群の失敗をもってマルクスの理論を完全に否定するのは早計だと考えます。むしろ資本主義を構造化し、客観的に捉えるという意味で、マルクスの提示した諸概念は今も有効です。

マルクスの理論の一つに、上部構造と下部構造という考え方があります。マルクスは、社会を生産様式といった下部構造と政治体制や社会意識といった上部構造に分け、下部構造が上部構造を規定すると説きました。

たとえば農業などの第一次産業が生産様式の中心であった時代には、土地を所有する領主と耕作を行う農民という二つの層ができ、それに合わせた封建主義的な社会意識や政治体制が整えられます。

近代になり自然科学が勃興してテクノロジーが生み出されると、工場制機械工業が興り、第二次産業が急速に発達。人々は農村から出て都市に移り住み、資本家が持つ会社や工場などで賃金労働者となります。この生産関係、生産様式の変化が社会体制や社会意識、価値観を大きく変えていくのです。

柄谷さんはマルクスが下部構造とした生産様式を、「交換様式」というフレームで捉え直しました。交換様式とは人と人、社会と社会がどのような形でさまざまな価値を交換するかということです。柄谷さんによれば、人間社会の交換の形態は以下の四つに規定されます。

交換様式A　互酬（贈与と返礼）
交換様式B　略取と再分配（服従と保護）
交換様式C　商品交換（貨幣と商品）
交換様式D　A、B、Cを超える新たな交換様式＝X

交換様式Aは、典型的には未開社会での交換です。その土地でとれる食べ物、お宝のようなものから土地や労働まで、さまざまなものが贈与され、それに対して返礼が行われます。これは未開社会だけのものではなく、現代でも隣近所の人たち、家族や友人知人たちとの贈答などで同じ様式の交換が行われています。

「身分」と「階級」の起源

交換様式Bは、ある共同体がもう一つの共同体を支配し統合したときなどに顕著に表れます。一つの共同体が別の共同体を支配し略取するときは、それによって同時にさまざまな保護を与えてもいる。たとえば他の侵略者から保護したり、灌漑事業などで農業や産業などを育成したりしているのです。

史実に例を探せば、古代ローマ帝国が近隣諸国を支配し、服従させる代わりにさまざまな特権や自由を認め、街道や水道などのインフラを整備して保護したケースが典型的でしょう。

略取と再分配という意味では、近代国家と国民の関係そのものがこの交換様式Bに当てはまります。国家は国民を法で縛ると同時に、徴税によってお金を略取する。国家はそれを財源として再分配をして、国民をより豊かにしたり貧困から救済したりする。さらに、軍事力を持つことで外敵の侵入を防ぎ、国民を守る。略取と再分配（保護）が同時に行われているわけです。

交換様式Cは商品交換で、すなわち市場経済、資本主義経済における交換様式のことです。貨幣を中心とした経済であり、現代社会を成り立たせている根源的な交換様式だと言えるでしょう。

相互の合意に基づき、互いに自由な関係性のなかで交換が成り立ちます。ただし、お互いが平等であるとは限りません。むしろ貨幣が登場し資本と資本家が誕生すると、資本の自己増殖の原理から不平等が生み出されます。

交換様式Bでは「身分」という差別化が生まれましたが、この交換様式Cにおいては、資本家と労働者などの「階級」が生み出されます。

これらに対して、柄谷さんはさらに交換様式Dなる概念を提示しています。これは国家などによる略取で起こる交換様式Bや、階級の分裂を引き起こす交換様式Cを超えて、贈与と返礼からなる交換様式Aを高次元で回復するものになると予言されています。

第47訓

自分のビジネス環境を、社会全体から俯瞰して見るクセをつける

さまざまな交換様式の位相

四つの交換様式についてさらに詳しく知りたい人は、ぜひ柄谷行人さんの『トランスクリティーク』『世界史の構造』『力と交換様式』（すべて岩波書店）を読んでみてください。

なぜこのように難解な哲学の話をしているかといえば、今の社会の枠組みから世の中を見ているだけでは、自分の立ち位置がわからなくなるからです。

ときには高台に登り、上から全体を俯瞰する。それには現代社会の捉え方やものの見方、解釈の仕方をアップデートする必要があります。

考え方のフレームになるのが、かつてはマルクスの『資本論』をもとにした理論であり、現在であれば柄谷さんの「交換様式」というわけです。

柄谷さんは交換様式Dについて、その原型は宗教だと指摘しています。たとえば原初のキリスト教は信徒が互いに財産を供出し、それを分かち合うという原始共産主義的な集団でした。また仏教においても、ごく初期にはそのような互恵的な集団が形成されていました。交換様式Dの社会には、その他にも社会主義や共産主義、アナーキズムといった要素が含まれます（ただし、これらの言葉にはすでに歴史的な色がついてしまっているため、柄谷さんはあえて「X」としています）。

柄谷さんの主張で面白いのは、A〜Dの交換様式は実際の社会で複合的に、混ざり合って存在すると指摘している点です。そのうちのどれが優勢かで社会の様態が変わり、交換様式Aが強い場合は部族社会、Bが優勢な場合は封建社会や国民国家、そしてCが優勢なのが私たちの自由主義諸国の資本制社会になります。

この思想は、現代の社会構造を立体的に捉えるうえで非常に示唆的です。マルクスは封建主義社会が資本主義社会に変わり、そこから階級闘争を経て社会主義、共産主義社会に移行すると説きました。社会を歴史的、時間的な流れで進歩し変遷していくものと規定したわけですが、それがイデオロギーとなり、理論の硬直化を招きました。柄谷さんの理論では、社会を歴史的な流れとしてではなく、さまざまな「位相」(繰り返される現象のある一周期)として捉えることが可能です。つまり、「かくあらねばならない」というイデオロギーからの脱却です。

私たちの現実社会には、隣近所や親せきとのつき合いのように素朴な交換で成り立つ関係もあれば、国家と国民のような関係もある。市場原理で成り立っている社会もあれば、宗教的なつながりを大切にしている人たちも多くいます。

柄谷さんの理論は、そんな複眼思考を身につけることに道を開いてくれます。バーグルエン賞を獲得したのは、そのように斬新で可能性に富んだ理論であることが評価されたからなのでしょう。

ビジネス社会で日々の些事に一喜一憂している私たちも、今の社会をより構造的に捉え、より俯瞰的にものを見ることで、社会と自分の立ち位置や、社会と自分の関係性をよりリアルに認識できるようになります。

第48訓

会社組織の外につくっておきたい、〝もう一つの軸足〟

「足場」を増やして自己を安定させる

前章で指摘した通り、ほとんどの人はいずれ組織内の競争に敗れ、主流から外れていきます。しかし、そうなってから生き方の方向転換をしようとしても、なかなか上手くいきません。できるだけ早いうちから軸足を少しずらして、別の立ち位置を確保することも必要になってきます。

若いころは、家庭と職場が自分の立ち位置だという人がほとんどでしょう。とにかく仕事に時間と労力を投入して、一人前になることを目指す時期も必要です。ただし、本業の仕事のスキルが上がってある程度の年齢になったら、もう一つ別の足場をつくることをおすすめします。

趣味でもスポーツでも、勉強会や読書会でもいい。自分が好きなこと、興味があることに時間とコストをかけるのです。できれば何らかの集まりに入って、職場と家庭とは違う、もう一つの「自分の場所」を持てれば理想的。それが心の余裕につながります。

社会的な〝つながり〟を回復する

特に経済が右肩下がりで、競争原理がより強く働いている昨今、仕事で安定的に自己肯定感を育むことはなかなか難しい状況です。また、家庭が常に心落ち着ける場所であるとも限りません。一緒に生活するだけに、むしろ家族に対してストレスを感じることも多々あるはずです。仕事でも家庭でもないもう一つの居場所があれば、ひと息ついたり、気持ちを切り替えたりすることができます。

もう一つの居場所では、利害のない人間関係が築けることも大きなポイントです。自分にとって得になる、あるいは損になるなどと気にする必要がない、損得勘定抜きでつき合える関係性は、世知辛い今の世の中でとても貴重です。

足場を持つという点では、地域コミュニティも候補の一つになり得ます。今でも町内会や自治会などの回覧板がある地域も多く残っているでしょうが、そうしたつながりは時代と共にどんどん薄くなってきました。

ただし、昨今は防災などの観点から地域コミュニティの活動が見直されつつあります。そんな地域共同体のつながりのなかで、自分の役割と場所をつくることもできます。

職場でも家庭でもないもう一つの足場を持つことで、より安定した自己を保つ。検討に値する考え方ではないでしょうか。

第49訓

自分なりの「居心地のいい場所」を意識的につくる

かつての日本企業が持っていた強さとは

現在の職場は、残念ながら自分の居場所やいざというときの避難場所とはなり得ませんが、日本経済が元気いっぱいだった高度経済成長期からバブル期まで、職場には今とはかなり違う空気がありました。終身雇用・年功序列が採用されていた当時の日本企業は、「家族主義的経営」「日本的経営」と呼ばれる経営方針で、社長以下全員が家族のように親密な関係でつながっていたのです。

そのため、会社に対するロイヤリティや働くことのモラールは非常に高く、それが日本企業の生産性と競争力の高さの源泉でした。

日本企業の独特な経営が日本経済の強さの秘密だと紹介したのが、『ジャパン・アズ・ナンバーワン』（エズラ・ヴォーゲル・阪急コミュニケーションズ）という1979年のベストセラーでした。今では考えられませんが、米国企業がこぞって日本的経営を取り入れようとしていたのです。

ところがバブル崩壊後の2000年くらいを境に、家族主義的経営も年功序列も終身雇用制度も一気に姿を消しました。そのような経営ではとても国際競争を勝ち残れないと、欧米流の成果主義、能力主義が導入されたのです。

こうした新自由主義の流れはさらに強まり、自己責任論や自助努力をベースに、競争原理が前面に打ち出されます。職場はもはや心の拠り所ではなくなり、ひたすら業績を追い求める戦いの場に変わっていきます。

自分だけの〝不可侵な領域〟を持つ

ただし、私たちは常に戦っていられるほど強い存在ではありません。普通の感覚の人ほど今の社会に違和感を覚え、心を病んでしまいがちです。それを回避するには、冒頭で書いたように自分の居場所、居心地のいい場所を意識的につくる必要があります。

「帰る場所」あるいは「逃げ込む場所」という意味で、参考になり面白いと思うのが「アジール（Asyl）」という言葉です。これはドイツ語で「聖域」と訳されます。英語だとasylumで、ギリシャ語で「不可侵」という意味のasylonが語源とされています。

犯罪人や奴隷などが過酷な労働や罰から免れようと、誰も手出しができない神殿や祭壇などの神聖な場所に逃げ込んだ。もともとは、そんな場所をアジールと呼んでいたわけです。

第50訓

役に立たなそうな人脈こそが、苦しいときに救ってくれる

自分を相対化できる環境をつくる

「アジール」という意味で言えば、前述した趣味や勉強のサークル、スポーツなどの同好会、さらに地域コミュニティも同様にアジールになり得ます。

町内会での活動を面倒だという人も多いですが、参加してみると意外に面白いものです。参加しているのは仕事も年代もバラバラな人たちですから、幅広い関係ができて思いがけず発見や収穫があるかもしれません。地域のイベントやお祭

りは、地域の歴史や文化を知るきっかけにもなります。いずれも交換様式Aに分類される無償の行為ですが、だからこそ大きな意味があるのです。

本来はそれが人々のつながりの原点であり、資本主義的な利害関係ではない人間社会の原型でもあるからです。その体験が息の詰まりそうなビジネス社会、資本主義社会を相対化してくれて、生き方が少し楽になるかもしれません。

スナックなどでのマスターや常連さんとのつながりも、ある種のアジールだと言えるでしょう。地域の小さなスナックでは、おそらくそれほどお金はかかりません。私がつき合いのある編集者の一人は店のマスターと常連さんで数年に一度、小旅行をしているそうで、そういうつながりはとても貴重です。

その人によると、出張のお土産をマスターやお客さんに振る舞うと、他の人も地元のお土産などを持ってくる。そうした見返りを求めないやり取りも、柄谷行人さんが指摘する交換様式Aの「互酬」（贈与と返礼）の関係に近いものでしょう。国家や資本の論理とは違う、もう一つ別の関係性（交換様式）を築く。それが自分自身の人間関係を太くし、生き方を豊かにすることにつながります。

第51訓

社会的な価値が高い中間団体に所属することの意味

アソシエーションには〝目的〟がある

アジールと似た存在に「アソシエーション」（中間団体）があります。

これは共通の目的を持った機能的な集団のことで、営利団体である会社組織、結社や教会、組合やギルド、互助会のような非営利団体も、明確な目的がある組織の場合はアソシエーションとされています。

アソシエーションはコミュニティと対比されますが、アソシエーションが目的を持った集まりであるのに対して、コミュニティは特に目的を持たず、自然発生的に生まれるものを指します。地域や文化的な同一性から自然に人が集まるのがコミュニティであり、何かしらの目的や利害が一致する人間が目的達成のために集まるのがアソシエーションです。

近代以降は、コミュニティに代わってアソシエーションが数多く誕生しました。なかでも結社や組合のような非営利団体、宗教団体などの「中間団体」が現代社会でも一定の役割をはたしています。このような中間団体は、国家権力や企業の資本力を抑止する働きを担ってきました。そうした力は巨大になればなるほど暴走しがちで、食い止めるのに個人の力ではあまりに弱いからです。

たとえ集団でも、コミュニティはそのような力を持ちません。そこでアソシエーションである中間団体が力を発揮するわけです。

軸足を複数持つことの意味

日本の代表的な中間団体には、日本医師会や日本弁護士連合会（日弁連）があります。創価学会のような宗教団体も中間団体です。そのような団体に属さない人たちからすると、それらの活動は集団の力で自分たちの目的と利得を主張しているように見えるかもしれません。しかし、実際はさらに大きく、危険な力である国家や資本の専横を食い止める力としても機能しています。

現代社会で生き残るには、できるだけ信頼できて社会的な価値が高いとされるアソシエーションに属することが重要です。同時に、前項で解説したような現代社会で解体されつつあるコミュニティを重視する。地域コミュニティでも文化的なコミュニティでも、何でもかまいません。

どちらか一つではなく、できれば両方に属して、それらを行ったり来たりしながら複合的なアイデンティティを築いていく。これが、強く生きるための重要なポイントになります。

第52訓

副業をするなら本業が確立されてから

自分の足場を広げる

副業をすることも、足場づくりの一つの選択肢になり得ます。

ただし、今は副業を認めている会社が多いとはいえ、本業で一人前と認められてからするべきだというのが私の考えです。本業で独り立ちできるスキルがないうちに副業を始めると、当然ながら本業も上手くいかなくなります。

本業で一人前になれるのは、マニュアル職であれば30代、高度な専門性を要する職種であれば40代だと考えます。

また、副業は一気に稼ぐというより、お小遣いを稼ぐ程度と考えるのが無難です。だいたい本業の年収の５パーセントを最初の目安に考えましょう。年収５００万円の人なら年間25万円、月額で約２万円です。少ないと思うかもしれませんが、本業に支障が出ないのはこの程度です。特に総合職や高度専門職の場合、働き方改革があったとはいえ、仕事の量は減るどころか増える傾向にあります。

本業に役立つもので、スキルも同時に磨かれるような副業があれば理想的です。たとえば営業職なら、競合しない商品やサービスを販売することで、より顧客の幅を広げて本業にも役立ちます。ただし、少なくともノルマに振り回されたり苦痛に感じたりするものでない方がよく、楽しくできるならそれで十分です。

ニッチな分野にこそ商機がある

今は消費者の嗜好が多様化していますから、目のつけ方によってはちょっとした自分の趣味が副業に変わることもあります。

たとえば、子どものころにプラモデルをつくることが好きだった人であれば、少しオリジナルのキットに手を加えてバージョンアップさせ、塗装などもきれいに仕上げた作品なら、けっこうな値段で買い手がつきます。

ヤフオクなどで見ると、原価2500円くらいの戦艦大和のプラモデル（700分の1）がそこそこの値段（数万円）で取引きされています。もちろん素人がつくる以上の完成度が要求されますが、それがあればけっこうな利益になります。

あるいは、ニッチな製品もネットでは高値で販売できる可能性があります。私はエジプトの猫のオブジェがついているペンや時計を集めていますが、こうしたものを売っている店はなかなかありません。このようなニッチな製品を扱うネットショップも、人の趣味嗜好をよく調べて狭い需要に応えれば、副業として十分に成り立ちます。

自分の新しい足場は、サークルや地域コミュニティでも、副業でもかまいません。足場が一つ、二つしかないと不安定ですが、増えるほどに安定します。それが本業の強さやしぶとさにつながり、精神的な余裕を生み出します。

第53訓

折り返し地点をすぎたら、職住環境を再検討してみる

現代社会の進化は加速度的

コミュニティづくりをしようと考えたとき、都会より地方の方がやりやすいと感じるかもしれません。都会では多くの企業が激しい競争を繰り広げており、基本的に商業主義、資本主義の考え方が先行しています。また東京は国の中心地ですから、それだけ国家の論理が日常の生活に強く反映されがちです。

都会生活ではすべてのテンポが速く、せわしない時間が流れています。そんな

状況下ではコミュニティをつくって、のんびりした時間を楽しむ余裕はありません。一方、中心から離れた地域ではまだコミュニティが残っていて、ゆっくりとした時間のなかで人間関係を築きやすい傾向があります。

時間の流れ方ということで考えると、今の東京を中心とした首都圏は、もはや異常な状況にあるのではないかと感じるときがあります。時代と共に、いろいろなものの流れがどんどん速くなっているのです。

たとえばグラハム・ベルが電話をつくったとき、それが5000万人の人に使われるようになるには75年の歳月がかかりました。同じように利用者が5000万人になるまでの時間を比べると、テレビが22年、パソコンは14年、携帯電話が12年とどんどん早くなる。

そしてYouTubeは4年、ツイッター（現X）が2年でLINEはたった1年、ポケモンGOのユーザーに至ってはなんと2週間です。

常に拡大再生産を目指す資本主義社会とテクノロジーの進歩が組み合わされ、社会の変化が加速度的に速くなっているのです。

東京都心はまさにその中心ですから、どんどん速くなるメリーゴーラウンドに乗っているようなものです。誰もが振り落とされまいと必死にしがみついていても、どんどん振り落とされていきます。そんな場所にいる限り、とてもコミュニティ活動など、のんびりしたことに時間と労力を割く余裕はありません。

この過剰なまでの社会のサイクルの速さによって引き起こされるのは、さらなる二極化だと考えます。いずれ東京などの大都会に住むのはひと握りの金持ちと、大多数の年収３００万円未満の層の人たちになり、中間層がごっそり抜け落ちる可能性があります。実際、準エリート層（官僚や大企業の役員などの超エリートではない人たち）は、意識の高い人ほど都会生活の窮屈さと不自由さに気づき、そこから逃れるべくＩターンやＵターンで郊外や地方に移動しています。

彼らの多くはクリエイティブな仕事をしており、中央から離れていても今やネット環境が整っていれば不自由なく仕事ができます。長時間の通勤だけで疲れてしまうようなことはなく、豊かな環境で自分のペースを守りながら仕事をする。地域の人たちや同じように都会に見切りをつけた人たちとコミュニティをつくり、仕事以外の人間関係を広げ、有意義な時間をつくり出す。このような働き方、生き方も有力な選択肢です。

第54訓

結局は、家族や友人などの身近な人間関係が残る

危機のときにわかる本当のつながり

戦争やパンデミック、自然災害が増える危機の時代ほど、家族や友人など、ごく親しい人たちとの日常的かつ深い人間関係が大切です。利害を超えた深く強い関係性をいかに築くかによって、危機を乗り越えられるかどうかが決まります。

このことは、私自身が身をもって体験しました。ご存じの方も多いと思いますが、私は外務省に勤務していた2002年、鈴木宗男事件に連座する形で、背任

と偽計業務妨害という言われなき罪によって逮捕されました。

事実を曲げ、検察の言いなりになって供述することを拒んだため、私は512日間にわたって拘置所生活を送ることになったのです。

この人生最大の危機のとき、それまで私の周りにいたたくさんの人たちは、ほとんどが私のもとから去っていきます。当時の外務省の上司や同僚、部下も含めた人たち、100人以上はつき合っていた新聞各社の記者たちも、3名を除いてはまったく連絡が途絶えました。

だからといって、私は彼らを恨んだり非難したりすることはありません。なんといっても国家権力から睨まれた人間ですから、下手に近づけば自分に飛び火する可能性もある。彼らが私を遠ざけるのは、至極当たり前の反応です。

ただ、この最大の危機のときにリスクを負って私に力を貸してくれた少数の人たちは、それこそ人生の恩人です。それは先ほど出た新聞記者の3人、拘置中も手紙などで励ましてくれた大学時代の恩師や友人たち、あるいは私の家族でした。

何が本当に大切なつながりかということは、人生の危機に直面してはじめてわかる。私は身をもってそのことを痛感したわけです。

第55訓

友人関係は「核となる5人」をつくる

選択と集中が必要

あなたにはいざというときに心を開いて相談できる人、深刻な話をしっかり受け止めてくれる人が何人いますか？　若いうちはさまざまな分野に交友関係を広げるべきですが、ある程度の年齢になると「選択と集中」が大事です。

自分にとって本当に重要な人物、いざというとき力になってくれる人物は非常に限られています。私の経験則で言えば、そういう人は自分の周りにいてもせいぜい5人です。5人は少なすぎると思うかもしれませんが、よくよく考えれば、何でも相談できる人物、親友と呼べるような人は5人もいれば十分でしょう。

40代以降は、そうした大切な人とのつながりに大いに力を割くべきです。還暦を超えた私自身、もはや新たに人脈を広げたいという気持ちはありません。選択と集中で絞り込み、その人たちに時間と労力をかけることにしています。

本当に信頼できる関係が5人できると、それだけで強いつながりの関係が自然発生的にできていきます。類は友を呼ぶではないですが、信頼できる相手は友人を絞り込んでいる人が多いので、1人が仮に同じく5人の信頼できる友人を持っているとすると、5×5で25人の強いつながりの関係が生まれます。

さまざまな危機が訪れるこの時代、まずやるべきことは足元の人間関係を見直して絞り込み、大切にする。絞ることで、太くて強い人脈をつくるのです。

仕事を通じて本当の人間関係が生まれることもある

利害が絡む仕事の人間関係は長く続かないとよく言われます。結局は、学生時代の友人のような関係を築くのは難しいと考えられがちです。

ただし、私はこれに関して半分は真理で、半分は間違っていると考えています。むしろ仕事という本気で打ち込む関係だからこそ、お互いを信頼し、リスペクトし合える深い人間関係を築くことができます。その信頼感から、単なる仕事での関係性を超えた、一種の仲間のような意識が生まれることがあります。

私は作家という職業柄、編集者やライターの人たちと一緒に仕事をすることが多いですが、そのなかにも心から信頼できる人が何人かいます。その間柄では、こちらもいろいろなことを相談しますし、向こうからの相談事にもできる限り応えようとします。

これはたしかに学生のころのような純粋な友情ではないかもしれませんが、信頼感という意味では劣らないものです。職場や仕事の関係から深いつき合いは生まれないと決めつけず、そこから生涯の友、パートナーと呼べるにふさわしい相手が生まれる可能性があることを忘れないようにしてください。

第56訓

40歳をすぎたら、残り時間から逆算してすべきことを決める

仕事の幅を絞り込む時期がくる

選択と集中が大切になるのは、人との関係だけではありません。仕事そのものも、年齢を重ねるにしたがって絞り込みが大事になってきます。

30代まではとにかく自らのスキルアップと可能性を広げるために、仕事も幅広く、かつ全力を注いで頑張ることが必要でした。

しかし、40歳をすぎて各部門のリーダーを任されるようになったら、仕事も絞

り込みへと方向転換するべきです。人生もビジネスキャリアも折り返し地点をすぎたわけですから、残り時間はどんどん少なくなっていきます。

漫然と手広くやっている余裕はありません。すでに自分の適性ややりたいことの方向性が見えてきて、自分の能力も自覚していることでしょう。その連立方程式を解けば、やるべきことは見えてくるはずです。

私自身、ここ数年は慢性腎不全や前立腺がんなど体の不調が相次ぎ、仕事の絞り込みをせざるを得ない状況でした。

こういうときは冷静に人生の残り時間を計算して、やるべきことの優先順位をつけ、計画を立てることが必要です。幸い前立腺がんの手術は成功し、こちらは5年生存率9割ですから、それほど心配しなくてもいい。慢性腎不全に関しては、2022年初頭から週3回の人工透析を始めました。ただし、人工透析を続けての10年生存率は6割。単純計算すると余命は8年でした。

幸い妻をドナーとする生体腎移植（手術日は2023年6月27日）に成功し、10年生存率は9割なので、一気に余命が20年に伸びました。

やるべきことの優先順位をつける

そんななか、私は最悪の場合の「余命8年」で、どうすれば自分の人生を最大限にまっとうできるかを考えました。

まずやったのは、仕事のプライオリティ（優先順位）を厳しく見直すこと。透析が始まったことを期に、講演やラジオ出演などを控え、執筆の時間を可能な限り増やしました。私は作家ですから、当然の結論でもあります。

情報空間の選択ということも考慮しました。最近はSNSやYouTubeなどでの露出で言論活動をする人も増えています。

しかし、そのような無料のメディアには、一つの言説、一つのフレーズ、一つの言葉に対して感情的、狂信的に反応するオーディエンスがいます。人数としては非常に少ないのですが、ネット上ではこうした人たちの発言が増幅され、共振してあたかも大きな声のように見えてしまいます。

そういうものに返答したり、反応したりする時間はありません。ネット空間でも、有料サイトの読者はかなり絞り込まれます。目的意識がはっきりしている人、理性的に考えられる人が多いので、有料のメールマガジンやオンラインサロン、原稿料の発生するオンラインメディアにはかかわるようにしてきました。

そして腎移植の成功後、体調は30代のころと同じレベルに戻りました。神様が与えてくれたこれからの時間を、いかに有効に使うか。それが私の新たな課題となったわけです。

私は今、命は私の所有物ではなく、神様から預かったものであるという思いを強めています。残された命を、できる限りこの社会と日本のために使っていきたいと考えています。

みなさんも、40歳をすぎたら残り時間を意識することが肝要です。そのうえで、仕事でもプライベートでも、自分の人生の目的に照らし合わせてすべきことの優先順位をつける。それにしたがって、自分のやるべきことに粛々と取り組む。

上手くいくかどうかは神のみぞ知るというところですが、環境に流されたりあきらめたりするのではなく、自ら考えて動くことにこそ意味があるのです。

青春新書
INTELLIGENCE

こころ涌き立つ「知」の冒険

いまを生きる

"青春新書"は昭和三一年に——若い日に常にあなたの心の友として、その糧となり実になる多様な知恵が、生きる指標として勇気と力になり、すぐに役立つ——をモットーに創刊された。

そして昭和三八年、新しい時代の気運の中で、新書"プレイブックス"にその役目のバトンを渡した。「人生を自由自在に活動《プレイ》する」のキャッチコピーのもと——すべてのうっ積を吹きとばし、自由闊達な活動力を培養し、勇気と自信を生み出す最も楽しいシリーズ——となった。

いまや、私たちはバブル経済崩壊後の混沌とした価値観のただ中にいる。その価値観は常に未曾有の変貌を見せ、社会は少子高齢化し、地球規模の環境問題等は解決の兆しを見せない。私たちはあらゆる不安と懐疑に対峙している。

本シリーズ"青春新書インテリジェンス"はまさに、この時代の欲求によってプレイブックスから分化・刊行された。それは即ち、「心の中に自らの青春の輝きを失わない旺盛な知力、活力への欲求」に他ならない。応えるべきキャッチコピーは「こころ涌き立つ"知"の冒険」である。

予測のつかない時代にあって、一人ひとりの足元を照らし出すシリーズでありたいと願う。青春出版社は本年創業五〇周年を迎えた。これはひとえに長年に亘る多くの読者の熱いご支持の賜物である。社員一同深く感謝し、より一層世の中に希望と勇気の明るい光を放つ書籍を出版すべく、鋭意志すものである。

平成一七年

刊行者　小澤源太郎

著者紹介
佐藤 優〈さとう まさる〉
1960年東京都生まれ。作家、元外務省主任分析官。85年、同志社大学大学院神学研究科修了。外務省に入省し、在ロシア連邦日本国大使館に勤務。その後、本省国際情報局分析第一課で、主任分析官として対ロシア外交の最前線で活躍。『国家の罠』(新潮社)で第59回毎日出版文化賞特別賞受賞。『自壊する帝国』(新潮社)で新潮ドキュメント賞、大宅壮一ノンフィクション賞受賞。『人に強くなる極意』『これならわかる「カラマーゾフの兄弟」』(共に青春出版社)など著書多数。

組織《そしき》を生《い》き抜《ぬ》く極意《ごくい》
青春新書 INTELLIGENCE

2024年1月15日　第1刷

著　者　佐藤《さとう》　優《まさる》

発行者　小澤源太郎

責任編集　株式会社プライム涌光
電話　編集部　03(3203)2850

発行所　東京都新宿区若松町12番1号 〒162-0056　株式会社青春出版社
電話　営業部　03(3207)1916　振替番号　00190-7-98602

印刷・中央精版印刷　製本・ナショナル製本

ISBN978-4-413-04686-2
©Masaru Sato 2024 Printed in Japan

本書の内容の一部あるいは全部を無断で複写(コピー)することは著作権法上認められている場合を除き、禁じられています。

万一、落丁、乱丁がありました節は、お取りかえします。

こころ涌き立つ「知」の冒険!

青春新書 INTELLIGENCE

書名	著者	番号
語源×図解 もっとくらべて覚える英単語 名詞	清水建二	PI·650
いちばん効率がいい すごいジム・トレ	坂詰真二	PI·651
結局、年金は何歳でもらうのが一番トクなのか	増田 豊	PI·653
「メンズビオレ」を売る進学校のしかけ	青田泰明	PI·654
日本人が言えそうで言えない英語表現650	キャサリン・A・クラフト 里中哲彦［編訳］	PI·655
世界史で読み解く名画の秘密	内藤博文	PI·656
教養としてのダンテ「神曲」〈地獄篇〉	佐藤 優	PI·657
人生の頂点《ピーク》は定年後	池口武志	PI·658
相続格差 「お金」と「思い」のモメない引き継ぎ方	天野 隆 税理士法人レガシィ	PI·659
俺が戦った真に強かった男	天龍源一郎	PI·660
NFTで趣味をお金に変える	tochi	PI·661
ドイツ人はなぜ、年収アップと環境対策を両立できるのか	熊谷 徹	PI·662
【最新版】「脳の栄養不足」が老化を早める!	溝口 徹	PI·663
人が働くのはお金のためか	浜 矩子	PI·652
弘兼流 好きなことだけやる人生。	弘兼憲史	PI·664
「発達障害」と間違われる子どもたち	成田奈緒子	PI·665
井深大と盛田昭夫 仕事と人生を切り拓く力	郡山史郎	PI·666
世界史を動かしたワイン 教養と味わいが深まる魅惑のヒストリー	内藤博文	PI·667
【改正税法対応版】「生前贈与」そのやり方では損をする	税理士法人レガシィ 天野 隆 天野大輔	PI·668
9割が間違っている「たんぱく質」の摂り方	金津里佳	PI·669
70歳から寿命が延びる腸活	松生恒夫	PI·670
飛ばせる・撮れる・楽しめるドローン超入門	榎本幸太郎	PI·671
70歳からの「貯筋《ちょきん》」習慣	生島ヒロシ 鎌田 實	PI·672
英語は「語源×世界史」を知ると面白い	清水建二	PI·673

お願い ページわりの関係からここでは一部の既刊本しか掲載してありません。折り込みの出版案内もご参考にご覧ください。